AF589783

COLLECTION D'AVENTURES 45

ASSIÉGÉS PAR LES CONVICTS

8° Y² 62835 (426)

COLLECTION D'AVENTURES, 3, Rue de Rocroy, Paris (10e)

426

* COLLECTION D'AVENTURES *

ABONNEMENTS

UN AN : PARIS, DÉPARTEMENTS 22 FR. ; ÉTRANGER 29 FR. Compte chèque postal 259-10

ASSIÉGÉS PAR LES CONVICTS

BIBLIOTHÈQUE NATIONALE R.F. IMPRIMÉS

PAR

JOSÉ MOSELLI

PARIS
ÉDITION DE LA COLLECTION D'AVENTURES
3, RUE DE ROCROY, 3

426

Collection d'Aventures

Le volume : 45 centimes.

TITRES DES VOLUMES PARUS

(Les volumes dont les numéros ne figurent pas dans cette liste sont épuisés.)

N°	Titre	Auteur
211.	L'Obus infernal	G. Guitton.
212.	La Grotte enchantée	M. Geoffroy.
213.	Le Proscrit de la montagne	M. Geoffroy.
214.	La Brousse aux Loups	R. Véran.
215.	Le Désert de Neige	R. Véran.
216.	L'Antre du Sorcier	R. Véran.
217.	Le Secret du Chiffonnier	Jo. Valle.
218.	Le Compagnon de Chaîne	Jo. Valle.
219.	Cramponnée à l'Epave	Jo. Valle.
220.	L'Héritier du Rajah	Jo. Valle.
221.	Le Petit Sergent	Sreidi.
222.	La Villa du Mystère	Sreidi.
223.	La Malle Errante	J. Rinet.
224.	L'Enigme de l'Auto	J. Rinet.
225.	Le Cabaret du Bossu	J. Rinet.
226.	Le Train de la Mort	J. Moselli.
227.	Les Dynamiteurs de la Steppe	J. Moselli.
228.	Les Forçats de la Mer d'Okhotsk	J. Moselli.
229.	Dans le Repaire des Comitadjis	J. Moselli.
230.	Le Cercueil de Fer	J. Moselli.
231.	La Main Fatale	A. Romagny.
232.	Les Trappeurs du Mississipi	A. Romagny.
233.	Les Pillards Mexicains	M. Idiers.
234.	La Machine Infernale	M. Idiers.
235.	La Jonque Sacrée	M. Idiers.
236.	L'Ogre de la Tour Grise	J. Aleyrac.
237.	Les Démons blancs	P. Gallien.
238.	La Morne de la Pampa	P. Gallien.
239.	La Caverne maudite	E.-G. Brézol.
240.	Le Prince rouge	E.-G. Brézol.
241.	Le Trou de l'Enfer	X.
242.	Le Vaisseau Trésor	O. Malat.
243.	Ralph, le Serpent	O. Malat.
244.	Les Despérados	M. Sevestre.
245.	Robert Cernac, l'Intrépide	A. Monjardin.
246.	Le Capitaine Lucifer	G. Choquet.
247.	Harry, le Taureau rouge	G. Choquet.
248.	L'Homme au masque noir	G. Choquet.
249.	Le Cavalier fantastique	G. Choquet.
250.	Les Chercheurs d'Ivoire	D. Hervey.
251.	La Montagne Hantée	D. Hervey.
252.	La Pierre de Luxe	D. Hervey.
253.	Le Château des Loups rouges	J. Aleyrac.
254.	La Miséricorde d'Amaury	A. Romagny.
255.	Les Brigands des Karpathes	A. Romagny.
256.	Splanagoba, Redresse-bosses	A. Romagny.
257.	Robert l'Enfant perdu	Albert Pajol.
258.	La Maison des Fous	Albert Pajol.
259.	L'Explorateur Fantôme	G. Choquet.
260.	Le Cratère du Diable	G. Choquet.
261.	Le Triomphe de l'Aile	G. Choquet.
262.	Les Chevaliers de la Forêt	J. Aleyrac.
263.	Le Spectre vivant	J. Aleyrac.
264.	Les Négriers des Rivières du Sud	Pierre Agay.
265.	Prisonniers du Roi d'Ebène	Pierre Agay.
266.	Le Marécage de l'Epouvante	Pierre Agay.
267.	Les Invisibles	A. Monjardin.
268.	Le Pont de la Fausse-Monnaie	A. Monjardin.
269.	Le Miroir qui tue	A. Monjardin.
270.	Le Mystère de la Tour Eiffel	G. Guitton.
271.	Sous la griffe du Tigre	G. Guitton.
272.	Le Récit des Cannibales	José Moselli.
273.	Le Forçat milliardaire	José Moselli.
274.	Les Compagnons de la Mort	J. Mahan.
275.	Le Pont des Cadavres	J. Mahan.
276.	La Caverne aux millions	J. Mahan.
277.	Le Signe du Malheur	G. Choquet.
278.	Le Contrepoison Malais	G. Choquet.
279.	Le Maître du Monde	G. Choquet.
280.	Le Vaisseau Aérien	G. Choquet.
281.	Justus Wiss détective	A. Romagny.
282.	La Chasse à l'homme	A. Romagny.
283.	Le Courrier de Lyon	J. Aleyrac.
284.	La Maison du Poivre de Cayenne.	J. Aleyrac.
285.	L'Héritage de la Mendiante	M. Mario.
286.	Le Cabaret du Rat Blanc	M. Mario.
287.	Le Mystère des Ruines	D. Ramières
288.	Le Prisonnier du Souterrain	D. Ramières
289.	Les Petits Chanteurs des Rues	J. Fabien.
290.	Le Mystérieux Mage	J. Fabien.
291.	Au Milieu des Lions	J. Fabien.
292.	Un Duel à l'Américaine	J. Fabien.
293.	La Sorcière Jaune	J. Fabien.
294.	Kaleh, le Fakir	J. Fabien.
295.	Les Hommes-Serpents	J. Fabien.
296.	Perdus dans la Neige	J. Fabien.
297.	Les Eclaireurs Rouges	A. Romagny.
298.	L'Automobile blindée	A. Romagny.
399.	Les Champs d'Or de l'Urubu	J. Moselli.
300.	Les Cachots de la Faim	J. Moselli.
301.	L'Antre des Crabes Géants	J. Moselli.
302.	Le Poison des Vaudoux	J. Moselli.
303.	Les Esclaves de la Cité de l'Or	J. Moselli.
304.	Le Trésorier du Bagne	J. Moselli.

Tous ces volumes sont expédiés *franco* à domicile sur demande accompagnée d'un mandat et adressée à l'Administration 8, rue de Rocroy, Paris (Xe). Ajoutez au prix de chaque volume **15** centimes pour le port.

(Voir la suite sur la couverture, page extérieure.)

426

ASSIÉGÉS PAR LES CONVICTS

En avril 1817, pendant que le brick Belle Eugénie vogue le long de l'île de Tasmanie, au sud de l'Australie, trois naufragés, des pirates, Smithson, Blacke et Bullardy ont soudoyé l'équipage des marins de couleur et se sont emparés du navire. Un ex-sergent de la Grande Armée, Doguereau est passager à bord, il se rend au Chili où il espère faire fortune en compagnie d'un mameluk, Sélim, qui lui est tout dévoué. L'ex-sergent, qui est un tireur étonnant à la carabine, organise, avec Sélim, une telle défense que les pirates sont obligés de quitter le navire, qu'ils abordent. Doguereau et Sélim débarquent, eux aussi, près de Botany-Bay, en Australie. Ils sont arrêtés par des policiers qui recherchent des bandits évadés, et quoique innocents, les deux amis sont condamnés ; mais ils parviennent à s'évader et arrivent à Sydney où ils pensent se venger de Smithson et ses complices.

Doguereau se rend au tripot du Poisson d'or, joue et gagne une belle fortune, mais des bandits à la solde de l'établissement veulent s'en emparer.

L'ex-sergent furieux renverse la table et les lampes, bouscule quatre colosses qui gardent la porte et s'échappe avec Sélim. Ils ont démoli, à eux deux, une demi-douzaine de bandits ; mais comme les Anglais ne plaisantent pas avec les convicts évadés, Doguereau recommande la prudence à Sélim. Tout à coup, il lui ordonne de se taire et de ne plus bouger.

CHAPITRE PREMIER

LES SOIRÉES DE GOLDFISCH

Les deux amis s'arrêtèrent. Autour d'eux le silence persistait du moins en apparence. Car Doguereau croyait avoir entendu un bruit de pas.

Après quelques instants passés à guetter, il put se convaincre qu'il ne s'était pas trompé. On venait.

— Attention à nous, Sélim ! souffla l'ancien sergent. Nous allons sans doute avoir à nous défendre : nous avons dû être suivis... Il faut voir.

— Je suis prêt, sergent ! affirma le mameluk en sortant son poignard.

Il achevait à peine de parler que d'une ruelle voisine un groupe de huit hommes déboucha brusquement. Doguereau et son compagnon eurent juste le temps d'entendre ces mots :

— *Ce sont eux !*

Les huit inconnus, qui étaient tous armés de poignards dont les lames luisaient dans l'ombre, se précipitèrent vers les deux amis. Avant qu'ils les aient rejoints, un rayon de lune, filtrant entre les deux nuages, éclaira leurs faces.

— Tonnerre du diable ! gronda Doguereau, frémissant. Ce sont mes gibiers !

Parmi la troupe de ses agresseurs il venait de reconnaître les trois convicts assassins qui avaient causé la perte de la *Belle-Eugénie* et l'avaient fait envoyer au bagne avec Selim : Smithson, Blacke et Ballardy !

— Ah ! porcs maudits ! gronda Selim qui, lui aussi, reconnaissait les bandits.

Un concert d'imprécations lui répondit. Ensemble les convicts et leurs acolytes chargèrent. Doguereau était sans armes. Intrépidement, il s'élança vers ses agresseurs. D'un léger saut de côté, il esquiva l'atteinte du poignard d'un des bandits et, profitant de ce que le misérable, emporté par son élan, chancelait, il lui arracha son arme et lui en donna un vigoureux coup.

L'homme poussa un soupir et tomba. Au même instant Doguereau reçut un fort choc dans la poitrine. Il se redressa et vit presque sur lui le colossal Smithson qui le regardait comme ahuri, tenant en main le poignard dont il venait de le frapper.

Le bandit n'en revenait pas de ce que son adversaire fût encore debout. La vérité est que la pointe du poignard de Smithson avait été arrêtée par le paquet de billets de banque dont l'ancien sergent avait bourré les poches de sa veste.

Mais Doguereau, déjà, levait la main pour frapper. Smithson ne l'attendit pas et d'un formidable bond... en arrière, se mit à l'abri. Doguereau aperçut un autre convict devant lui, et l'étendit mort d'un coup de poignard.

A la même seconde, Selim abattait son deuxième adversaire. Doguereau et Selim restaient maintenant en présence de Smithson, Blacke, Ballardy et un seul de leurs acolytes. Soit deux contre quatre.

— Allez-y, messieurs, gouailla l'ancien sergent de la Grande-Armée, le poignard levé. On est à forces égales, maintenant !

Smithson et ses trois complices, groupés à quelques pas plus loin, ne répondirent que par un grognement haineux, mais ne bougèrent pas...

Simon Doguereau serra plus fort dans sa main nerveuse le poignard enlevé au convict ; ayant, des yeux, fait signe à Selim de l'imiter, il allait se précipiter sur les quatre bandits immobiles lorsqu'un bruit de pas cadencés et réguliers, frappant le pavé à peu de distance, retentit nettement dans le silence de la nuit.

— La police ! gronda Smithson entre ses dents.

Et, sans qu'aucun autre mot n'eût été échangé, les quatre convicts, au grand galop se dispersèrent. Pas plus que Doguereau et Selim, Smithson et ses acolytes ne tenaient à se rencontrer avec les agents de la force publique.

— C'est quelque patrouille, murmura Doguereau. Filons, mon vieux !

De fait, il n'eût pas été bon pour les deux amis d'attendre. A pas pressés et silencieux, ils s'éloignèrent dans une direction opposée à celle d'où venait le bruit de pas, laissant derrière eux les corps des quatre bandits qu'ils avaient abattus.

Après dix minutes de course à travers les rues désertes, Doguereau et

S'étant penché sur la rampe, il distingua plusieurs silhouettes éclairées ar une lampe posée sur le plancher du palier du premier étage. Sans viser, au jugé il fit feu.

son ami ralentirent le pas : ils n'entendaient plus rien. Les policiers avaient dû s'arrêter pour recueillir les acolytes de Smithson restés morts ou blessés sur le pavé.

— Nous voilà tranquilles pour l'instant, fit à voix basse l'ancien sergent de la Grande-Armée. On va aller se réfugier dans quelque trou pour y attendre le jour. Ensuite, nous irons manger et nous acheter d'autres habits pour n'être pas reconnus, car Smithson, Blacke et Ballardy, sans compter les joueurs du tripot, ne vont pas se gêner pour donner notre signalement à la police. Mais maintenant nous avons de l'argent ; cela simplifie les choses. Nous ne quitterons pas l'Australie avant de nous être débarrassés de ces trois assassins !

— Naturellement, sergent ! appuya Selim dont les yeux brillèrent.

Les deux amis, l'œil et l'oreille aux aguets, marchèrent encore pendant quelques minutes et s'engagèrent dans une étroite impasse, entre deux maisons en ruines.

S'étant assurés que l'endroit était désert, ils se glissèrent à travers les murs branlants et allèrent s'étendre dans la cave où ils ne tardèrent pas à s'endormir.

Les rayons du soleil, passant à travers une brèche de la muraille, les réveillèrent. Ils se dressèrent, regardèrent autour d'eux : personne. Rassurés, ils sortirent de leur cachette, secouèrent rapidement la poussière souillant leurs vêtements et gagnèrent les rues centrales de la ville où ils eurent rapidement acheté des vêtements et tout un équipement neufs.

Simon Doguereau se trouva revêtu d'un splendide costume de drap anglais et de hautes bottes fauves, qui, jointes à un large sombrero gris, le firent ressembler à un riche squatter.

Selim, lui, fit l'emplette d'une culotte de velours marron et d'un veston de cuir tanné. Une paire de bottes semblables à celles de Doguereau et une toque d'opossum complétèrent son équipement.

— Il ne nous reste plus maintenant qu'à tenir notre promesse, conclut Doguereau, c'est-à-dire à envoyer les dix livres promises à Mr. Thorp, de Ballarat, pour le dédommager des vêtements qu'il nous a si obligeamment prêtés !

Pour être véridiques, il faut dire que Selim ne voyait pas du tout la nécessité de cette restitution. L'Egyptien, âme simpliste, estimait que, lorsqu'on a absolument besoin de quelque chose, il n'y a qu'à le prendre, sans plus.

Cependant, connaissant les idées de l'ancien sergent sur la matière, il ne fit aucune objection. Aux côtés de Doguereau il entra dans une maison de banque où l'ancien sous-officier acheta un chèque de dix livres au nom de Mr. Thorp, de Ballarat, chèque qu'il alla aussitôt mettre à la poste accompagné d'une lettre où il s'excusait du retard mis à renvoyer le prix des vêtements !

Ayant ainsi tranquillisé sa conscience, Simon Doguereau pensa aux choses sérieuses, c'est-à-dire qu'il fit l'emplette de tout un arsenal. Lui et Selim furent munis chacun de deux pistolets venant de Londres, d'une carabine de *Manton* (tel était alors le nom du plus célèbre armurier anglais), et d'un nombre suffisant de cartouches.

— Avec cela et un millier de livres sterling, mon vieux Selim, on a de quoi voir venir. On va, à présent, s'occuper de MM. Smithson et Cie.

Pendant toute la journée, les deux hommes battirent Sydney à la recherche des convicts. Mais, c'est en vain qu'ils explorèrent les bouges du port et de la vieille ville et qu'ils épièrent les conversations des gens de sac et de corde qui s'y trouvaient.

Les noms de Smithson, Blacke et Ballardy ne furent jamais prononcés en leur présence. Mais Doguereau était tenace.

— Prends patience, dit-il à Selim qui s'énervait. Si ce n'est pas aujourd'hui, ce sera demain que nous retrouverons nos gibiers... Mais, ce que je sais, c'est que nous les retrouverons ! Le principal, pour nous, c'est de n'être pas arrêtés. Le reste ira de soi...

Après une journée de recherches vaines, les deux hommes cherchèrent un gîte. Bien que l'argent ne leur manquât pas, ils choisirent un petit hôtel de modeste apparence, situé du côté du village de Woolloomooloo, et dont l'enseigne portait ces mots :

Auberge du grand Shakespeare.

Le patron s'empressa au-devant de ses clients et, sur la demande de Doguereau, leur fit voir une chambre, située au deuxième étage, aux murs blanchis à la chaux.

L'ameublement se composait de deux lits de sangle et d'une table de bois à peine raboté supportant une cuvette et une cruche de terre et un chandelier de cuivre.

— Vous serez aussi bien ici que dans le palais du lord gouverneur, gentlemen, affirma l'hôtelier, car l'auberge du « Grand Shakespeare », je m'en flatte, est une maison tranquille. C'est deux schellings la nuit, et on paie d'avance, comme de juste !

— Entendu ! déclara Doguereau en tendant au grêlé deux pièces d'argent.

— C'est ici la chambre numéro 7, ne vous trompez pas si vous sortez, conclut l'aubergiste en empochant les deux schellings. Je vous souhaite une bonne nuit, gentlemen !

L'homme se retira. Doguereau alla immédiatement tirer le verrou de la porte sur lui.

— Ça va me changer de coucher dans un lit, murmura l'ancien sergent, depuis le temps que cela ne m'est pas arrivé !

— Il a une sale tête, cet hôtelier, sergent, grogna Selim. Il me rappelle un bourgeois de Kœnigsberg, en Prusse, chez qui j'avais été envoyé en billet de logement avant de rejoindre l'armée à Vilna, et qui essaya de profiter de ce que je dormais pour me couper la gorge. Naturellement, ce fut moi qui lui coupai la sienne, de gorge... Il avait la même tête que ce gargotier... C'est peut-être son frère ?

— Sacré Selim, va ! Si on t'écoutait, on ne serait jamais tranquille. Je vais dormir et t'engage à en faire autant. Personne ne nous sait ici ; nous sommes donc bien tranquilles. Bonsoir !

Doguereau, sans plus parler, déposa ses armes sur la table qu'il approcha de sa couchette et s'étendit sur la paillasse de maïs. Selim hocha la tête. Malgré tout, il ne se sentait pas rassuré par la ressemblance de l'hôtelier avec le bourgeois de Kœnigsberg...

Il se coucha pourtant, éteignit la chandelle, mais ne s'endormit pas.

Dans l'auberge, tout restait tranquille. Notre Égyptien commençait à sentir sa mélancolie disparaître, lorsque, soudain, il tressaillit : un léger murmure de voix arrivait à ses oreilles.

Selim, avec la souplesse et l'agilité d'un chat, sauta à bas de sa couchette, et, sans bruit, se glissa vers la porte contre laquelle il colla son oreille. Tout d'abord il entendit un murmure de voix indistinctes.

Cependant il finit par reconnaître quelques mots, *pas de danger... ils dorment...* Malheureusement, il ne connaissait pas assez l'anglais pour bien comprendre ce qui se disait.

Doguereau, heureusement, vint le tirer d'embarras. L'ancien sous-officier de la Grande-Armée dormait, comme l'on dit, en gendarme. Et bien que Selim n'eût pour ainsi dire pas produit le moindre bruit en se levant, Doguereau, instinctivement, s'était réveillé, avait ouvert l'œil et avait vu l'Egyptien marcher vers la porte.

Tout d'abord, croyant que Selim obéissait à son idée fixe, Doguereau n'avait pas bougé. Mais bientôt il avait pu, lui aussi, distinguer les chuchotements qu'entendait l'Egyptien.

Il s'était donc levé et avait rejoint son ami derrière la porte. Doucement, de la main il écarta le mameluk qui, sans souffler mot, obéit.

A son tour, Doguereau colla l'oreille contre le bois. Deux hommes causaient à voix basse de l'autre côté de la porte. L'ancien sergent de la Grande-Armée reconnut la voix de Ballardy.

— Puisque je te dis que Smithson veut absolument que ce Doguereau meure, sifflait l'Irlandais, il n'y a rien à répliquer, animal ! Ou préfères-tu être poignardé avant vingt-quatre heures ? Les *Ten-Pounds* ne plaisantent pas ! Tu le sais, je pense ? Apprends que c'est ce misérable Doguereau qui t'a fait manquer le coup de la *Belle-Eugénie*. Sans lui, le brick était à nous. Il faut en finir avec lui. Il a gagné plus de mille livres hier au soir au *Goldfisch*, et rien ne m'enlèvera de la tête que c'est un tricheur de première force.

« Donc, tu vas l'appeler ; tu lui diras que quelqu'un le demande en bas... Je t'attendrai auprès de la porte du palier et je l'enverrai rejoindre les quatre amis qu'il nous a démolis l'autre nuit...

— Mais, c'est que... l'autre... fit une seconde voix en laquelle Doguereau reconnut celle du patron de l'auberge.

— Quoi ? Tu hésites ? Prends garde ! Les *Ten-Pounds* ne souffrent pas qu'on leur désobéisse... Le shérif de Cullawney, qui voulait nous ennuyer, en sait quelque chose. Il est mort.

Doguereau souriait. Il se baissa jusqu'à ce que son œil fût au niveau du trou de la serrure et reconnut, éclairés par une chandelle que l'hôte du « Grand Shakespeare » tenait dans sa main tremblante, Ballardy et Blacker, lesquels brandissaient chacun une grosse hache dont le fer luisait dans l'ombre.

— J'obéis, j'obéis, respectables gentlemen ! souffla à cet instant l'aubergiste d'une voix mal rassurée.

CHAPITRE II

A DARLINGTON

Doguereau n'avait pas perdu un mot de tout ce qui venait d'être dit.

Il fit un mouvement pour s'éloigner de la porte, mais, ayant entendu de nouveau la voix de Ballardy, il plaça son oreille contre le battant.

— Et fais attention à ne pas lui donner l'éveil, hein ? recommandait l'Irlandais. Sur les mille livres qu'il a avec lui, il y en aura cent pour toi si tout va bien. Autrement, Smithson, qui est à Darlington, sera vite prévenu et, alors, ta carcasse ne vaudra pas cher. Tu connais le chef !

— Oui, oui ! fit le gargotier d'une voix rauque.

Doguereau sauta en arrière et, à tâtons, saisit sa carabine qu'il arma. Deux coups retentirent contre la porte.

— Qu'est-ce que c'est ? demanda l'ancien sergent.

— Moi, gentlemen... Le patron !... Je voudrais vous parler... Ouvrez ! Il y a en bas quelqu'un de vos amis qui veut vous voir... Ouvrez !

— Dites-lui qu'il revienne demain matin, je veux dormir !

— Mais... c'est que c'est urgent !

— C'est bon : j'ouvre... Attendez un instant que je m'habille !

— Faites vite !

— Cinq minutes et je suis à vous ! affirma Doguereau qui s'approcha de Selim et lui dit à voix basse d'ouvrir la fenêtre.

— Je vais ouvrir la porte, murmura-t-il. Je casserai la tête à cette canaille d'hôtelier. Pendant ce temps, tu descendras par la fenêtre en t'aidant du tuyau de la gouttière. Je te rejoindrai en bas. Le temps de régler le compte de Blacke et de Ballardy : c'est une occasion qu'il ne faut pas rater !

— Mais, moi, sergent, je veux aussi en démolir au moins un !

— Tu m'embarrasserais, clampin. Il n'y a pas de place pour deux, et je te promets de te réserver Smithson : c'est un morceau de roi !

Cet arrangement ne satisfaisait pas du tout le mameluk. Mais jamais il n'avait désobéi à Doguereau. Grommelant de vagues paroles, il marcha sans bruit vers la fenêtre, l'ouvrit avec précautions et, après un dernier regard à l'ancien sergent, enjamba la barre d'appui et se laissa glisser le long du conduit de maçonnerie qui sert à amener l'eau des gouttières dans la citerne de l'auberge.

Doguereau, ayant passé ses pistolets à sa ceinture, examina sa carabine, et, satisfait, déclara à haute voix :

— J'ouvre ! Comme cela, murmura-t-il, ils ne diront pas que les ai pris en traître !

Tranquillement, sans hâte, il tira les verrous. Devant lui, il vit le petit hôtelier et en eut pitié. D'un coup de crosse en pleine face il l'abattit à ses pieds, enjamba son corps inerte et bondit vers l'escalier.

S'étant penché sur la rampe, il distingua plusieurs silhouettes éclairées par une lampe posée sur le plancher du palier du premier étage. Sans viser, au jugé, il fit feu.

Un cri de douleur lui répondit, poussé par Ballardy. Il entendit un horrible blasphème, puis le bruit d'une descente précipitée : les deux convicts fuyaient.

Doguereau s'arrêta. Il craignit de tomber dans quelque embuscade et rentra dans sa chambre. Il achevait à peine d'en passer le seuil que plusieurs coups de feu éclatèrent dans l'escalier, lui prouvant qu'il avait sagement agi en ne descendant pas.

En trois bonds, il eut traversé la chambre. La fenêtre était restée ouverte. L'ancien sergent descendit par le même chemin que Selim, et, en deux secondes, se trouva dans la rue.

— Vous les avez étrillés, sergent ? lui demanda le mameluk qui attendait stoïquement, sa carabine au poing, prêt à s'en servir.

— Je crois que j'en ai touché un, mais pas comme je l'aurais voulu, car il a crié comme quelqu'un qui n'a pas son compte ! Je n'ai pu faire mieux car ces satanés bandits m'attendaient dans l'escalier... ils m'auraient fusillé comme un canard ! Mais je sais où les retrouver, et Smithson aussi. Arrive, car ils vont nous tomber sur le dos !

Doguereau achevait à peine de parler que plusieurs détonations claquèrent. Les balles allèrent s'écraser sur le sol à quelques mètres des deux amis : c'était de la fenêtre de la chambre que venaient de quitter Doguereau et Selim que les coups de feu partaient.

Les convicts, ne voyant pas descendre l'ancien sergent, étaient montés, et, n'entendant rien, s'étaient enhardis ; ils avaient pénétré dans la chambre des deux amis, et avaient tout compris.

C'est alors qu'ils s'étaient penchés à la fenêtre et avaient tiré sur Doguereau et son compagnon. L'ancien sous-officier et son ami, au cours de leurs nombreuses campagnes, en avaient vu d'autres.

Ils ne s'émurent donc pas. Doguereau, se retournant, fit feu par deux fois dans la direction de la fenêtre, ce qui eut pour résultat de faire disparaître à l'intérieur de la pièce les bandits qui essayaient de fusiller les deux amis.

L'ancien sergent en profita pour entraîner Selim dans une rue transversale d'où les deux hommes purent s'éloigner sans encombres. Ils eurent bientôt perdu de vue l'auberge du « Grand Shakespeare ».

— Il ne doit pas être loin de trois heures du matin, fit Doguereau après avoir consulté les étoiles. Ce n'est plus la peine de chercher un gîte... d'autant plus que cela nous ferait remarquer. Nous allons nous promener jusqu'à ce que quelque cabaret soit ouvert, et nous y déjeunerons. Ensuite nous rejoindrons Smithson... D'après ce que j'ai entendu, il est à Darlington... Ça ne doit pas être loin d'ici, Darlington. Nous nous renseignerons.

— Sergent, je veux leur couper la tête à tous les trois, à ces corbeaux de malheur... Vous ne m'en empêcherez pas, dites ? demanda Selim qui avait de la rancune.

— On verra ça, mon vieux.

Jusqu'au jour, les deux amis déambulèrent à travers les rues endormies de Sydney. Un peu avant l'aube, ils découvrirent une sorte de taverne qui venait de s'ouvrir et dans laquelle ils entrèrent.

Tout en buvant la bière qu'il s'était fait servir, Doguereau, sans en avoir l'air, interrogea le patron sur les environs de Sydney. Il affirma qu'il venait de Melbourne pour voir un de ses cousins qui se trouvait à Darlington.

— Darlington ! fit le bar-keeper. Je connais. Votre parent doit être dans les mines d'or...

— C'est loin d'ici ? questionna Doguereau d'une voix naïve.

— Une centaine de milles dans

l'Ouest, à peu près. Du moins à ce qu'on dit, car moi je n'y suis jamais allé.

Doguereau n'insista pas. Il en savait assez. Quelques minutes plus tard il sortit avec Selim et s'en fut acheter deux chevaux. Le maquignon auprès duquel il fit cette acquisition lui donna d'autres renseignements sur Darlington.

Doguereau sut ainsi que la vie n'y était pas excessivement paisible, attendu que plusieurs bandes de convicts infestaient le pays et s'engraissaient à dépouiller les mineurs de leurs trouvailles.

Ces détails enchantèrent l'ancien sergent de la Grande-Armée en lui prouvant qu'il avait bien entendu : évidemment, les *Ten-Pounds* dont avait parlé Ballardy dans le couloir de l'auberge du « Grand Shakespeare » n'étaient autres que les bandits qui mettaient Darlington en coupe réglée, et dont Smithson était le chef. Tout devenait clair.

S'étant offert un excellent déjeuner pris dans le meilleur restaurant de Sydney, Doguereau et Selim, montés chacun sur un bon cheval prirent la route de Darlington.

Après avoir longé le cours de la rivière Paramatta, ils filèrent vers l'Ouest et galopèrent à travers une immense plaine où ne croissaient que quelques rares arbustes rabougris.

A la nuit, les deux amis campèrent au milieu d'un buisson de lentisques sans avoir rencontré âme qui vive. Après avoir dîné de quelques provisions emportées, ils s'enroulèrent dans leurs couvertures et s'endormirent.

Aucun incident ne vint troubler leur sommeil, et, au lever du soleil, ils se remirent en route. Dans l'après-midi qui suivit, après avoir dépassé une chaîne de collines qui leur bouchaient l'horizon, les deux voyageurs distinguèrent un amas de cases recouvertes de chaume, éparpillées le long d'un mince ruisseau : c'était Darlington.

Ils atteignirent bientôt les premières maisons. Un mineur, interpellé par Doguereau, lui apprit qu'il n'existait qu'un hôtel à Darlington et le lui indiqua.

L'ancien sous-officier de la Grande-Armée flanqué de Selim, s'y rendit aussitôt. C'était une grande construction en planches grossières dont les interstices avaient été bouchés avec de la terre glaise.

Le patron, un colosse barbu à la face rouge comme un jambon d'York, déclara qu'il ne restait plus une seule chambre, ni même un seul lit dans sa bicoque.

— Vous m'offririez même dix livres pour la nuit que je ne pourrais vous loger ! affirma-t-il en lançant à cinq mètres de lui un jet de salive imbibé de jus de chique. Que voulez-vous, Darlington commence à être connu. On y fait fortune en une semaine.

Pendant les deux heures qui suivirent, l'ancien sergent et son compagnon cherchèrent en vain un gîte. Un vieux mineur qui les avait vus plusieurs fois passer devant sa case eut enfin pitié d'eux et proposa à Doguereau et à Selim de les héberger en attendant qu'ils se soient construits eux-mêmes un logis.

Doguereau accepta avec reconnaissance... Le mineur se nommait Silas Howe. Bien qu'il fût un des plus anciens habitants de Darlington, la chance ne l'avait pas favorisé jusqu'ici et c'est tout juste s'il parvenait à envoyer en Angleterre de quoi assurer la subsistance de sa pauvre famille restée à Londres.

Après avoir conduit lui-même les chevaux de ses hôtes dans le petit enclos attenant à sa pauvre demeure, il fit entrer Doguereau et Selim dans son logis.

CHAPITRE III

ASSIÉGÉS

L'intérieur de la case de Silas Howe, composée d'une seule pièce, était meublée d'une grande caisse posée debout sur sa partie la plus étroite et qui servait d'armoire.

Face à la caisse-armoire, quatre escabeaux, formés chacun d'une planche posée sur trois pieds, étaient alignées contre la muraille. Au centre de la pièce, une autre caisse servait de table.

Une assiette de terre remplie de viande fumée et une gargoulette y étaient posés. Un hamac d'où pendait une couverture brune, et qui était accroché aux chevrons du toit, complétait l'ameublement.

— Je regrette, gentlemen, de n'avoir pas mieux à vous offrir, s'excusa Silas Howe dès que Doguereau et Selim furent entrés. Mais c'est de grand cœur !

— Et nous l'acceptons de même, affirma l'ancien sergent de la Grande-Armé, ému, en serrant la main du vieux mineur.

Le jour tombait. Silas Howe alluma une lanterne et invita ses hôtes à partager son modeste repas. Doguereau et Selim ne se firent pas prier ; ils avaient faim et ne voulaient pas désobliger le vieillard.

Assis autour de la table, les trois hommes causèrent. Doguereau déclara qu'il était à Darlington pour tenter la chance, et qu'il était désireux d'acheter quelque bon claim.

— Pour mille livres, vous trouverez des claims, le long de Lyster-Creek, qui pourront vous rapporter une fortune en moins d'un an... Mais ce n'est pas tout que de trouver de l'or, il faut encore le conserver et l'emporter... Malheureusement, il y a ici et dans les environs plusieurs bandes de convicts qui dépouillent les mineurs chanceux...

« Et la justice ne peut rien contre eux... à tel point que, il y a à peine une semaine, ils ont poussé l'audace jusqu'à assassiner d'un coup de pistolet, en pleine audience, le juge de Cullawney, un village à côté d'ici... Aussi personne n'ose rien dire, et si j'avais mille livres sterling, je fuirais ce pays maudit sans regarder derrière moi !

Le vieux Silas hocha la tête, et, ayant achevé sa tirade, but longuement à même le goulot à la gargoulette. Doguereau l'avait laissé parler sans l'interrompre bien qu'il connût à peu près tous les détails que venait de mentionner le vieillard.

Mais il n'était pas fâché de savoir ce que l'on pensait à Darlington de Smithson et de ses complices.

— Et sait-on le nom de ces bandits ? demanda-t-il.

— Heu !... murmura Silas Howe, devenu soudain muet, on chuchote des noms, gentlemen... mais qui peut savoir ? Pas moi, en tous cas, attendu que je n'ai jamais vu un de ces... individus... Vous savez, je vous répète ce

Debout sur le toit, il cria : « Tu peux fuir, Smithson, et vous aussi, Blacke et Ballardy ! Fussiez-vous au bout du monde, je vous retrouverai ! »

qui se dit, mais, au fond, je ne sais rien...

Evidemment, le vieillard en savait plus qu'il n'en disait ; mais en homme que l'âge et l'adversité ont rendu prudent, il se méfiait, de crainte d'attirer sur lui la vengeance des mystérieux convicts.

Doguereau comprit qu'il n'en tirerait rien de plus. Après tout, Silas Howe avait le droit de ne pas vouloir être mêlé aux différends des bandits et de ceux qui les pourchassaient. L'ancien sergent parla donc d'autre chose.

L'heure s'avançait, Silas Howe, après avoir offert son hamac qu'aucun des deux amis ne voulut accepter, disposa sur le sol les deux misérables couvertures, toutes rapiécées, qu'il possédait et exigea que ses hôtes s'étendissent par-dessus.

Il se couvrit, lui, d'une vieille houppelande qu'il décrocha de dedans la caisse-armoire. Fatigués par une longue journée passée à cheval, Doguereau et Selim, après avoir souhaité bonne nuit à leur hôte, ne tardèrent pas à s'endormir.

Des coups violents frappés contre la porte les réveillèrent. Ils se levèrent tous deux et aperçurent Silas Howe qui, dégringolé de son hamac, allumait en hâte la lanterne.

— Qu'est-ce que c'est ? demanda l'ancien sergent de la Grande-Armée en empoignant sa carabine qu'il avait posée sur le sol, à la portée de sa main par mesure de précaution.

— Je ne sais, gentlemen... je vais voir ! fit le vieillard

Les coups, cependant, continuaient à faire résonner la porte, qui, heureusement, était solide.

Du dehors, une voix rauque cria :

— Ho ! Silas ! ouvre-nous, et vite, si tu ne veux pas qu'on mette le feu à ta baraque !

Doguereau et Selim tressaillirent ; ils reconnaissaient la voix de Smithson.

— Vous ne vouliez pas nous dire les noms des bandits qui terrorisent Darlington, hier soir ? fit Doguereau. Eh bien ! je vais vous renseigner : celui qui vient de parler, c'est Smithson !

— Smithson ! murmura Silas Howe frissonnant.

Doguereau allait répondre lorsque de nouveau, la voix du chef des convicts s'entendit :

— Tu es là, Doguereau ? Je le savais ! Cette fois, tu ne nous échapperas pas... Je veux te pendre par les pieds à un eucalyptus et te rôtir la carcasse sur un feu de bois vert, porc !

« Toi, Howe, ouvre, par les tripes de Satan ! ou nous te couperons les oreilles et le nez !

— Ouvrez, allez, fit Doguereau. Nous saurons nous défendre ! La généreuse hospitalité que vous nous avez donnée vous coûte déjà trop cher !

— Jamais ! s'écria Howe en se redressant. Mon honneur est ma seule richesse, gentlemen, et il n'est pas à vendre !

Et le vieillard, s'étant approché de la porte de façon à être bien entendu du dehors, cria de toutes ses forces :

— Je n'ouvre qu'au shérif ! Et je recevrai à coups de fusils tous ceux qui voudront entrer ! Au large !

Un éclat de rire moqueur répondit à cette intimation.

— Voyez-vous ce vieux corbeau déplumé ! Je te ferai chanter tout à l'heure une autre chanson, limaçon visqueux ! Et toi, Doguereau, je ferai ton affaire comme à celui du sauvage de malheur qui t'accompagne !

— Un sauvage, moi ! gronda Selim au paroxysme de la fureur en se précipitant vers la porte.

Il fallut que Doguereau l'arrêtât.

— Laisse faire, mon vieux, on réglera ça avec le reste ! murmura l'ancien sergent. Nous...

Doguereau s'arrêta : sous la porte il venait d'apercevoir un mince filet de fumée filtrer.

— Ces bandits veulent nous étouffer comme des renards, grommela-t-il. Mais nous ne nous laisserons pas faire !

Plusieurs détonations, accompagnées d'un fracas de vitres brisées, couvrirent sa voix. Une volée de balles, tirées du dehors, venaient de traverser les carreaux de l'étroite et unique fenêtre de la maisonnette. Le vieux Silas crispa ses maigres poings.

— Les misérables ! rugit-il tremblant de rage. Ils vont tout démolir ici !

— Pas de bile, l'ancien ! le rassura Doguereau. Attrapez ces cent livres, elles vous dédommageront des dégâts... pour commencer ! Et quant à ces gibiers, on leur fera voir ce que sont des soldats du grand empereur !

La porte cependant commençait à s'enflammer. De petites langues de feu, toutes rouges, en léchaient déjà la partie inférieure, tandis qu'une âcre fumée se répandait dans la cabane bien que la fenêtre fenêtre fût ouverte :

— Il faut nous barricader d'abord ! Après on verra ! fit Doguereau qui, joignant le geste à la parole, saisit la caisse-armoire et la poussa contre la porte !

Il la consolida à l'aide de la caisse-table et arrosa le tout à l'aide de l'eau contenue dans la gargoulette. Silas Howe, comme si l'attaque dont sa pauvre maison était l'objet l'eût rendu stupide, ne bougeait pas, tenant en sa main la liasse de billets de banque que Doguereau venait d'y glisser.

— Allons, faut vous bouger, l'ancien, maugréa l'ex-sergent. Postez-vous auprès de la fenêtre et démolissez-moi tous ceux qui voudront en approcher. Moi et Selim, on va voir ce que deviennent nos chevaux !

Une seconde rafale de balles, passant par la fenêtre ouverte, s'enfonça dans la muraille de terre. Au dehors, des hennissements se mêlèrent aux hurlements des convicts.

— Nous sommes perdus ! gémit Howe qui tremblait. C'est la bande des *Ten Pounds !* (dix livres).

— Que ce soit la bande des *Ten* (dix) ou des *Twenty* (vingt) Pounds, gronda Doguereau, on s'en moque ! Arrive, Selim ! On va passer par la cheminée et tailler des croupières à ces sales oiseaux ! Et vous, le petit père, si le cœur vous en dit, rien ne vous empêche de faire comme nous, car il va faire chaud ici dans cinq minutes !

La porte, maintenant, brûlait de la base au faîte, et l'incendie se communiquait aux caisses que Doguereau avait amoncelées contre elle. Les balles continuaient à crépiter par l'étroite fenêtre.

Doguereau, se baissant pour n'être pas vu du dehors, se glissa jusque sous la fenêtre et, se redressant brusquement, fit feu par deux fois. Deux cris d'agonie lui répondirent.

— Selim ! ta carabine, vite ! gronda l'ancien sergent.

L'Egyptien lui passa son arme. Deux nouvelles détonations retentirent. Eclairé par les flammes de la porte qui brûlait, Doguereau vit les bandits — ils étaient plus de trente, — refluer violemment en arrière. Quatre d'entre eux restèrent sur place, à se tortiller sur le sol, atteints par les balles de l'ancien sous-officier.

Une grêle de projectiles s'encadra dans la fenêtre. Mais, lestement, Doguereau s'était baissé. En deux bonds il rejoignit Selim qui lui tendit sa carabine qu'il venait de recharger. En échange, l'ancien sergent lui rendit la sienne vide.

— Ils vont réfléchir maintenant avant de s'approcher, fit Doguereau. Profitons-en pour monter sur le toit d'où nous pourrons mieux nous rendre compte de la situation !

Ce disant, l'ancien sous-officier, ayant passé sa carabine en bandoulière, s'élança vers la vaste cheminée qui occupait tout un pan de la muraille et se glissa dans le conduit. Selim et Silas Howe l'imitèrent.

Doguereau, non sans s'écorcher les mains, les coudes et les genoux et avaler plusieurs bouchées de suie, arriva en quelques instants au faîte de la cheminée et passa la tête au dehors...

CHAPITRE IV

LA FUITE DANS LA NUIT

Il faisait nuit noire. Par suite de l'inclinaison accentuée du toit, les flammes de la porte n'en éclairaient pas le faîte, ce qui faisait que Doguereau restait dans l'obscurité.

L'ancien sergent sortit entièrement de l'ouverture de la cheminée et s'étendit à plat ventre sur le chaume du toit. Selim et Silas Howe le rejoignirent après.

De son perchoir, l'ancien sergent pouvait voir les bandits, éclairés violemment par les flammes de la porte, qui s'agitaient frénétiquement. Il reconnut Smithson à sa haute taille et sa carabine trembla dans sa main.

— Non, murmura-t-il, ce bandit ne doit pas mourir d'un coup de fusil ! Ce serait trop beau !

Doguereau tourna la tête et regarda du côté de l'enclos où Selim et lui, la veille, avaient laissé leurs chevaux. Malgré ses yeux perçants, l'ancien sous-officier ne put rien voir.

— Ils ont dû voler nos chevaux, c'est sûr, dit-il à mi-voix.

— Je ne pense pas, dit Howe. Ils se soucient bien peu des chevaux. Ce qu'ils veulent sûrement, c'est s'emparer de nous afin de nous faire périr en des tortures terribles, pour intimider ceux qui seraient tentés de leur résister. Ah ! nous sommes bien perdus ! Les *Ten Pounds* ne s'en iront pas avant que nous soyons entre leurs mains ! Pour moi, j'aime mieux mourir !

Doguereau n'était pas de cet avis :

— Minute, grand-père ! Il nous faut tous mourir, c'est sûr ! Mais, pour moi, je préfère que ce soit le plus tard possible. Et, avant d'en arriver là, faut voir à voir, comme disait l'autre !

Et, sans attendre de réponse, l'ancien sous-officier de la Grande-Armée se laissa glisser jusqu'à un mètre de l'extrême rebord du toit, décrocha sa carabine qu'il avait passée en bandoulière et fit feu.

Des cris de rage et d'agonie répon-

BIBLIOTHÈQUE NATIONALE R.F. IMPRIMÉS

dirent aux détonations de sa terrible *Manton*. Plusieurs bandits tombèrent. Doguereau, sans se lasser, continuait son tir meurtrier.

Avec la vitesse de l'éclair, il tirait, chargeait, épaulait, visait, abattant son homme à chaque coup. En moins de deux minutes, plus d'une douzaine de convicts furent à terre.

Les autres, pris de panique, décampèrent malgré les hurlements de Smithson qui tentait de les rassembler.

Mais le chaume du toît prenait feu à son tour.

— Il faut descendre et de suite, ou nous allons être rôtis comme des poulets ! souffla Doguereau à l'oreille de Selim qui l'avait rejoint pour lui passer des cartouches.

Et, sans se soucier des quelques balles que les bandits, tout en fuyant, continuaient à envoyer dans sa direction, il se dressa.

Debout sur le toit, il cria :

— Tu peux fuir, Smithson, et vous aussi, Blacke et Ballardy ! Fussiez-vous au bout du monde, je vous retrouverai !

Les flammes, maintenant, léchaient le chaume, éclairant Doguereau de leurs clartés rouges. Sans même épauler, l'ancien sergent appuya ses paroles d'une dernière balle qui frappa en pleine tête le dernier des fuyards...

— Décampons maintenant ! dit-il, très calme, en s'adressant à Selim et à Silas Howe.

Les trois hommes, ensemble, se laissèrent glisser le long de la face interne du toit que le feu n'avait pas encore atteinte et sautèrent dans l'enclos.

Les deux chevaux de Doguereau et de Selim, ainsi que celui de Silas Howe, s'y trouvaient toujours. Les malheureuses bêtes, effrayées par les détonations et le grondement de l'incendie, se tenaient pressées les unes contre les autres toutes tremblantes. Silas Howe alla chercher leurs harnachements qu'il avait placés dans un petit cabanon édifié le long de la haie délimitant l'enclos.

Hâtivement les trois hommes se mirent en devoir de seller les animaux.

Tout en s'occupant à cette besogne, Doguereau voulut, une fois pour toutes, savoir qui étaient exactement ces *Ten Pounds* dont tout le monde parlait à Darlington. Il le demanda à Silas Howe. Le vieux mineur n'avait plus aucun motif de garder le silence maintenant.

— Les *Ten Pounds*, expliqua-t-il, c'est une association de convicts fondée par Smithson. Elle se nomme ainsi parce que ses membres s'engagnent à ne jamais entreprendre une expédition rapportant moins de *Ten Pounds* (dix livres sterling ou 250 francs).

« Ces bandits sont admirablement renseignés et sont aussitôt informés lorsqu'un mineur découvre un riche filon. Ils le guettent et, lorsque le nouvel enrichi quitte Darlington pour aller jouir de ses richesses à Sydney ou ailleurs, il est attendu au passage, assassiné et dépouillé.

« La terreur que répandent les *Ten Pounds* est si grande que de nombreux mineurs leur abandonnent volontairement la moitié de leurs gains. Aussi Smithson est-il immensément riche et personne n'ose s'attaquer à lui : on sait ce qu'il en coûte ! Pour moi, je dois dire que je n'ai pas à me plaindre de lui... et cela n'est pas étonnant, attendu que je n'ai jamais possédé à la fois plus d'une livre sterling.

« Mais, maintenant, je peux faire mon testament... le mois ne s'écoulera pas sans que les *Ten Pounds* ne m'aient fait périr...

— Cela, ce n'est pas dit ! gronda Doguereau. Nul ne sait qui vit ni qui meurt, c'est vrai, mais il est bien possible, maître Silas, que vous assistiez à la mort violente de vos coquins. Nous nous chargerons d'y aider, pas vrai, Selim ?

Le mameluk fit entendre un grognement d'approbation. Les chevaux étaient sellés. Les trois hommes sautèrent en selle, et, en silence, se dirigèrent vers la porte de l'enclos qu'ils passèrent l'un derrière l'autre.

Au dehors, c'était le calme seulement troublé par les ronflements de l'incendie et les râles des convicts abandonnés sur le sol par leurs complices.

La case de Silas Howe flambait comme une meule et l'incendie éclairait de ses lueurs rouges les ruelles environnantes.

— On y voit trop clair, ici, grommela Doguereau ; je n'aime pas cela ! M'est avis que nous allons être canardés avant peu ! Ouvrons l'œil !

Tout en parlant ainsi, l'ancien sergent poussa son cheval vers une ruelle proche et que la clarté de l'incendie n'éclairait que peu. Selim et Silas Howe le suivirent.

— Ma pauvre maison ! murmura le vieux mineur en se retournant une dernière fois vers sa bicoque en flammes.

— On vous en rebâtira une autre, lui cria Doguereau qui avait entendu.

— Hélas ! à mon âge, ce n'est guère la peine...

Personne ne répondit à cette réflexion désabusée, et, pendant les instants qui suivirent, les trois hommes cheminèrent en silence, leur carabine au poing, prêts à s'en servir.

Dans la bourgade endormie, personne ne bougeait. Pourtant les lueurs de l'incendie se voyaient de loin, et les nombreuses détonations avaient certainement été entendues. Mais chacun savait ce qu'il en coûtait de se mêler des *affaires* des *Ten Pounds*.

Et alors l'on se tenait coi.

Doguereau et ses compagnons cheminaient ainsi depuis cinq minutes environ lorsque, soudain, l'ancien sergent sentit son cheval frissonner légèrement sous lui. Il comprit que l'animal flairait quelque danger.

— Attention ! souffla-t-il en se tournant vers ses compagnons.

Il achevait à peine de prononcer ce mot que plusieurs détonations retentirent, cependant que de fulgurants éclairs rayaient les ténèbres, venant d'une haie voisine.

Au jugé, Doguereau tira. Un râle lui apprit que sa balle avait porté.

— En avant ! au galop ! gronda-t-il, ou nous allons être abattus comme des lapins !

Ni Selim, ni Silas Howe, heureusement, pas plus que leurs chevaux, n'avaient été touchés. A l'exemple de Doguereau, les deux hommes criblèrent de coups d'éperons le ventre de leurs montures.

Les malheureuses bêtes, affolées par la douleur et les coups de feu, se ruèrent en avant. Une deuxième décharge, aussi inutile que la première, les salua. En quelques secondes, les fugitifs eurent franchi une centaine de mètres.

Dogueréau, sans ralentir l'allure endiablée de sa monture, se retourna et distingua, débouchant d'un groupe de cases, une troupe de cavaliers dont il évalua le nombre à vingt-cinq.

— Ça devient sérieux, murmura-t-il.

Maintenant seulement l'ancien sergent comprenait la puissance des *Ten Pounds*. Avoir l'audace, non seulement d'attaquer une maison et de l'incendier, mais de poursuivre ses occupants, cela indiquait que les bandits se sentaient sûrs de l'impunité. C'étaient des adversaires avec lesquels il fallait compter.

— Cent tonnerres ! gronda Dogueréau, ils ne nous auront pas ! On a battu les Prussiens, les Anglais, les Espagnols, les Russes et les Autrichiens, ce n'est pas pour nous faire tailler des croupières par ces clampins, pas vrai, Selim ?

— Oui, sergent ! fit l'Egyptien.

Les convicts avaient de bons chevaux. Dogueréau et ses compagnons ne furent pas longs à s'en apercevoir. Dix minutes ne s'étaient pas écoulées qu'ils constatèrent que leurs poursuivants gagnaient sur eux.

CHAPITRE V

LA RIVIÈRE HUNTER.

Les fugitifs avaient maintenant laissé derrière eux les dernières maisons de Darlington et galopaient à travers une immense plaine parsemée de loin en loin de bouquets d'arbustes résineux et de broussailles épineuses contre lesquelles les chevaux butaient.

A moins de trois cents mètres derrière eux, ils distinguaient la troupe des convicts qui s'étaient déployés de manière à former un immense éventail dans lequel ils espéraient envelopper les fugitifs. Dogueréau le comprit.

— Nous allons être pris comme des rats, gronda-t-il, si nous continuons à marcher ainsi. Il n'y a pas deux jeux ! Demi-tour, et fonçons-leur dedans !

A l'exemple de Dogueréau, Selim et Silas Howe firent décrire une large courbe à leurs chevaux et les lancèrent à la rencontre de la troupe des convicts.

Malgré l'obscurité, les bandits s'aperçurent instantanément de la manœuvre de leurs ennemis. Une fusillade nourrie éclata. Autour de Dogueréau et de ses compagnons, les balles sifflèrent en gerbes serrées.

Mais les convicts, dans leur rage d'en finir, tiraient mal. Aucun des trois hommes ne fut atteint.

— En avant ! En avant ! clama l'ancien sergent de la Grande-Armée en bourrant le ventre de son cheval de furieux coups de talon, ce qui ne l'empêchait pas de se servir de sa terrible carabine.

Collé à sa monture comme s'il y eût été attaché, Dogueréau tirait, chargeait, épaulait, avec une rapidité et une sûreté diabolique.

En moins d'une minute, une demi-douzaine de convicts furent à terre, ce qui rendit les autres plus prudents, d'autant plus que Selim et Silas Howe de leur côté, ne laissaient pas leurs fusils inactifs. Les trois hommes,

C'étaient Selim et Silas Howe qui, à leur tour, venaient de se précipiter dans le Hunter.

en un galop d'ouragan, passèrent à travers la troupe des convicts.

— En avant ! En avant ! répéta Doguereau en se retournant pour envoyer une balle à un bandit qui le serrait de trop près.

L'homme tomba. Les fugitifs avaient passé. Mais presque aussitôt ils purent constater que les convicts n'abandonnaient pas la partie. Tirant, hurlant, vociférant, ils se ruèrent à la poursuite des trois amis.

Doguereau, sans cesser d'exciter son cheval, abattit encore plusieurs de ses poursuivants. Mais l'ancien sergent de la Grande-Armée comprenait bien que cette course endiablée finirait par se terminer à l'avantage des convicts : ceux-ci étaient, en effet, de beaucoup les plus nombreux.

Un moment arriverait où les chevaux, à bout de souffle, s'arrêteraient. Un corps à corps s'engagerait, un contre dix. Et Smithson et ses complices triompheraient. Par suite de la direction qu'ils avaient dû prendre pour ne pas être cernés par leurs poursuivants, les fugitifs galopaient vers le nord, vers le désert australien, loin de tout centre habité, c'est-à-dire qu'ils n'avaient aucun secours à attendre et ne pouvaient compter que sur eux-mêmes.

— Nos chevaux pourront encore tenir une heure, grogna Doguereau à l'adresse de Selim qui galopait à son côté ; après, il faudra combattre. Donc, ménage tes cartouches, mon vieux, et dis à Silas d'en faire autant !

L'Egyptien, sans broncher, transmit la commission au vieux mineur.

— Si je pouvais seulement reconnaître Smithson ou un de ses deux aides, grommela Doguereau, j'aurais au moins la consolation de les envoyer dans l'autre monde. Mais on n'y voit pas plus que dans une cave, la nuit... Et dire que, tout à l'heure, j'ai tenu Smithson au bout de ma carabine, et que je ne l'ai pas abattu !... Je serai moins niais, la prochaine fois, si nous nous tirons de celle-là, comme de juste !

Doguereau interrompit là ses réflexions pour se retourner vers les convicts. Ceux-ci, en troupe serrée, galopaient à moins d'un demi-mille en arrière des fugitifs.

L'ancien sergent de la Grande-Armée, histoire de passer le temps, leur envoya quelques balles et eut la joie de voir plusieurs bandits tomber. Les autres, sans même s'attarder pour le secourir, ripostèrent par une fusillade nourrie qui n'atteignit personne.

— Maladroits ! gouailla Doguereau. Bons tout juste à tirer des moineaux !

Malheureusement pour l'ancien sous-officier, ses propres munitions s'épuisaient. Son sac de balles ne contenait plus qu'une douzaine de projectiles, et sa poire à poudre était presque vide.

S'en étant aperçu, il hocha mélancoliquement la tête, mais ne dit pas un mot, ne voulant pas décourager ses compagnons. Pendant les minutes qui suivirent, la poursuite continua sans aucun changement.

Doguereau et ses compagnons avaient cessé de tirer pour économiser leurs munitions. Les convicts, qui n'avaient pas les mêmes raisons de ménager leur poudre, continuaient à tirailler, mais sans résultat.

— Nous allons arriver à la rivière Hunter, dit soudain Silas Howe d'un air soucieux.

— Eh bien, nous la traverserons,

ou nous en longerons la rive ! répondit Doguereau.

Le vieux mineur ne répondit pas. Mais tout, en son attitude, indiqua qu'il considérait ces éventualités sans enthousiasme.

La nuit se faisait de plus en plus noire. D'immenses et lourds nuages couleur de suie glissaient rapidement dans le ciel ; la brise, d'abord légère, augmentait d'instants en instants et devenait peu à peu un véritable ouragan.

— Nous allons avoir une tornade, grommela Doguereau.

Les trois hommes galopèrent sans plus échanger un mot. L'obscurité, par suite de l'envahissement du ciel par les nuages, était devenue si intense, que les convicts ne tiraient plus.

L'ancien sergent de la Grande-Armée se retourna, croyant que les convicts avaient abandonné la poursuite. Il constata qu'il n'en était rien. A quelque huit cents mètres en arrière, les bandits galopaient, éparpillés par petits groupes.

Rien à faire, sinon continuer à fuir. Pas le moindre accident de terrain, pas le plus petit fourré où se dissimuler : autour des fugitifs, c'était la plaine nue et pelée, sans autre végétation que de maigres et bas buissons d'arbustes épineux...

— Voilà la Hunter ! grogna Silas Howe en étendant le bras.

— Où ça ? demanda Doguereau en regardant dans la direction indiquée par le vieux mineur.

— Droit devant nous !

— Mais... je ne vois rien ?

— Non. Les rives sont à pic. La Hunter coule au fond d'une sorte de ravin, entre deux falaises. Nos chevaux ne pourront pas y descendre. Quant à en vouloir suivre la berge, ce serait nous jeter dans les bras de nos ennemis, attendu que la rivière **fait un** coude au centre duquel nous **nous trouvons.** Nous allons être pris comme dans une souricière.

— Vous auriez dû nous en avertir, Silas ! grommela Doguereau.

— A quoi bon ? Nous n'avions pas le choix de la direction à suivre, tout à l'heure. Ah ! nous sommes bien perdus. Du reste, personne ne s'est jamais attaqué en vain aux *Ten Pounds*...

— Ça, c'est à voir, mon vieux père ! D'abord, nous ne sommes pas encore morts. Et puis, cette rivière n'est peut-être pas si méchante que ça. On en a vu d'autres, pas vrai, Sélim ?

Les fugitifs continuèrent leur course furibonde. Malgré le murmure du vent, ils distinguèrent bientôt un mugissement sourd et continu, que Doguereau devina, produit par les eaux de la rivière Hunter.

De la pointe de son poignard, il piqua l'encolure de son cheval qui donnait des signes de fatigue ; l'animal poussa un hennissement de douleur et, comme pris d'une nouvelle ardeur, précipita son galop.

Moins d'une minute plus tard, Doguereau, qui précédait maintenant ses compagnons de quelques pas, distingua, droit devant lui, une large dépression qui coupait la plaine, semblable à une gigantesque tranchée.

En quelques instants, il atteignit l'extrême rebord de la falaise et vit, à plus de trente mètres sous lui, un large torrent qui bouillonnait entre deux berges abruptes.

— On peut toujours essayer de sauter ! dit-il en se retournant vers

Howe et Selim qui s'arrêtaient à ses côtés.

— Si nous ne nous tuons pas en arrivant en bas, fit le vieux mineur, vous êtes-vous demandé comment nous ferons pour remonter de l'autre côté ?

— Non. Et je ne me suis pas demandé non plus ce qui arriverait si nous restions ici, attendu que je le sais : nous serons faits prisonniers et mis à mort par les convicts. Et cela, je ne le veux à aucun prix. Je sauterai donc !

— Et moi aussi ! s'écria Selim.

— Naturellement, fit l'ancien sergent de la Grande-Armée.

— Je vous imiterai donc, soupira le brave Howe qui, pour mieux se persuader que cette résolution était inévitable, tourna la tête vers les convicts.

Ceux-ci, déjà, étaient à moins de cinq cents mètres, ils arrivaient en poussant des hurlements de joie qui se mêlaient au vacarme de la bourrasque. Ils devaient se croire sûrs, maintenant, d'en finir avec les trois hommes.

— Adieu, mon vieux Selim : serre-moi la main au cas où l'on ne se reverrait pas ! fit Doguereau qui étreignit longuement son vieux compagnon d'armes.

Puis, se tournant vers le vieux mineur, il échangea avec lui un cordial « shake-hand ». Ces préparatifs accomplis, il assujettit rapidement et solidement sa carabine à son épaule, poussa son cheval vers l'extrême rebord de la falaise, et, d'une pression des genoux, obligea l'animal à sauter...

La hauteur était plus considérable qu'il ne l'avait cru : après une chute qui lui sembla interminable, son cheval s'abattit parmi l'eau bouillonnante et après un gigantesque plongeon, se mit à nager vers la rive opposée.

Doguereau, étourdi, ruisselant, se secoua et vit que le courant, extrêmement rapide, l'entraînait. Tout auprès de lui, il entendit deux chocs sourds, cependant que des masses noires frappaient la surface du torrent et en faisaient jaillir deux gerbes d'écume.

C'étaient Selim et Silas Howe qui, à leur tour, venaient de se précipiter dans la Hunter.

Doguereau, tout en maintenant avec peine son cheval, s'assura que ses compagnons revenaient à la surface. Les deux hommes l'eurent vite rejoint.

— Vous voyez que cela n'est pas si difficile que cela, grand-père ! plaisanta l'ancien sous-officier de la Grande-Armée en se tournant vers le vieux mineur.

Mais le mugissement du vent et du torrent emporta sa voix. Il allait répéter sa phrase lorsque, au-dessus des fugitifs, des coups de feu, mêlés d'imprécations furieuses, retentirent : les convicts, arrivés sur le bord de la falaise surplombant le torrent, venaient d'apercevoir leurs ennemis que le courant emportait.

Ils lancèrent leurs chevaux le long de la berge, tout en dirigeant un feu nourri sur les trois amis. Autour de Doguereau et de ses compagnons, l'eau gicla sous le choc des balles.

L'ancien sergent de la Grande-Armée poussa une exclamation de fureur. C'était rageant, vraiment, de servir de cibles à ces bandits sans pouvoir seulement riposter.

Il regarda autour de lui dans l'espoir d'apercevoir quelque rocher ou banc de sable sur lequel prendre pied. Mais, aussi loin que portait la vue, la Hunter coulait entre deux hautes murailles de basalte à pic, sans que le plus petit obstacle divisât son courant.

Or, les malheureux chevaux, épuisés, commençaient à donner des signes de faiblesse. Encore quelques instants et ils couleraient.

Simon Dogueréau, heureusement, ignorait ce que c'était que le désespoir. Ses pérégrinations à travers l'Europe, les combats de géants auxquels il avait assisté faisaient qu'il ne s'étonnait plus de rien.

— Tenons bon, mes amis ! cria-t-il à ses compagnons. Tout n'est pas perdu. Nos chevaux peuvent tenir encore quelques minutes ; quand ils seront crevés, nous nagerons... Et, quand bien même le tonnerre du diable s'en mêlerait, nous finirons bien par trouver un coin pour aborder !

Le crépitement des coups de fusils tirés par les convicts répondit seul à ces rudes paroles. Pendant quelques instants, les fugitifs, cramponnés à leurs montures, continuèrent à dériver.

— Voilà mon cheval qui boit ! grogna brusquement Selim en faisant de vains efforts pour maintenir hors de l'eau la tête de sa monture.

Mais l'animal, complètement fourbu, ne faisait plus que des mouvements convulsifs.

— Viens t'accrocher au mien, clampin ! cria Dogueréau.

Selim ne répondit pas : son cheval coulait. L'Egyptien n'eut que le temps de dégager ses pieds des étriers pour ne pas être entraîné sous l'eau.

Péniblement il parvint à rejoindre Dogueréau et saisit les rênes du cheval de l'ancien sous-officier. Mais l'animal, à bout de forces lui aussi, ne put supporter ce double poids et donna aussitôt des signes de détresse.

— Je crois, mon vieux Selim, grogna Dogueréau, que mon bidet est aussi mal en point que le tien. Il va passer l'arme à gauche...

— Voilà un banc de sable ! Nous sommes sauvés ! s'écria soudain Silas Howe.

Dogueréau et Selim tressaillirent. Ecarquillant les yeux, ils distinguèrent une tache livide au pied d'une des falaises entre lesquelles coulait le torrent.

L'ancien sergent de la Grande-Armée y dirigea aussitôt son cheval. Mais aborder n'était pas chose facile : d'abord, l'animal était complètement fourbu et la force du courant, qui était grande en cet endroit, l'entraînait.

Dogueréau, pourtant, put maintenir son cheval et, après dix minutes d'efforts surhumains, l'animal et les deux hommes qui y étaient accrochés prirent pied sur une mince bande de sable, au pied d'une haute muraille basaltique.

Silas Howe et son cheval s'y trouvaient déjà.

— Comme quoi, grand-père, plaisanta Dogueréau à l'adresse du vieux mineur, qu'il ne faut jamais se désespérer. On a perdu un cheval, c'est vrai, mais nous voilà sauvés !

— Pas encore ! expliqua Silas. Je connais l'endroit : il y a un gué à moins d'un mille en aval, et les convicts le savent. Nous allons les avoir à nos trousses d'ici quelques minutes !

— C'est une bonne raison pour ne pas rester ici, alors ! observa l'ancien sergent, sans se déconcerter. Selim, monte sur mon cheval et filons !

L'Egyptien obéit sans mot dire. Une sorte de sentier serpentait le long de la falaise de basalte : Silas Howe, suivi de Doguereau et de Selim, l'enfourcha.

Sur l'autre rive, les convicts s'étaient arrêtés : l'obscurité les empêchait de voir les trois amis. Ne distinguant rien, ils allaient rebrousser chemin en pensant que leurs ennemis s'étaient noyés, lorsqu'un formidable éclair déchira la nue, éclairant le torrent et les falaises avoisinantes comme eût fait le soleil en plein midi !

A la clarté du météore, les bandits aperçurent les fugitifs qui se hâtaient le long de l'éperon de basalte. Smithson, debout sur la falaise opposée, poussa un rugissement de fureur :

— Ils ont passé ! gronda-t-il. Le diable est pour eux ! Mais il y a le gué de Coolardie, un peu plus loin ! Allons-y : nous les cueillerons comme pie au nid !

Les convicts firent entendre des glapissements d'approbation, et, derrière leur chef, reprirent leur galop en suivant la berge.

Doguereau et ses compagnons, lentement, péniblement, continuaient leur ascension. Les chevaux, surtout celui qui portait Doguereau et Selim, n'avançaient qu'à peine. A chaque pas, leurs sabots glissaient sur la pierre polie par l'eau.

Car le conduit par lequel ils effectuaient leur périlleuse ascension était constitué par une sorte de large rigole creusée par la pluie en s'écoulant le long de la muraille basaltique.

Après une demi-heure d'efforts, ils atteignirent enfin le sommet de la muraille rocheuse. Devant eux, ils aperçurent une plaine dénudée, semblable à celle qui s'étendait sur le côté du torrent qu'ils venaient de quitter.

— Il faut absolument laisser souffler nos animaux pendant quelques minutes, fit Doguereau ; autrement ils s'abattront avant cent pas !

Silas Howe, aussi bien que Selim, furent de cet avis. Tandis que les chevaux se reposaient, l'ancien sous-officier demanda à Silas s'ils se trouvaient loin de Darlington.

— A une trentaine de milles, expliqua le vieux mineur. Et, pour y revenir, il faut de nouveau traverser la Hunter, soit au gué qui est en aval, et dont vont sûrement se servir nos ennemis pour nous poursuivre, soit en passant le pont de lianes de Honbers, à vingt milles d'ici, ce qui nous éloignera encore de Darlington.

— Il y a bien quelque ferme, par ici ?

— Pas la moindre. Le terrain ne produit rien que de l'or. Et encore, on n'en a pas, que je sache, trouvé de ce côté !

— Alerte ! s'écria Selim qui, tandis que les deux hommes causaient, n'avait cessé de surveiller les alentours.

Doguereau et Silas sursautèrent. Ayant tourné la tête, ils aperçurent, à quelques centaines de mètres en aval, une troupe de cavaliers qui arrivaient au grand galop.

— Ce sont eux ! gronda Doguereau. Ils n'ont pas perdu leur temps, les bandits !

En quelques secondes, l'ancien sous-officier et Selim eurent grimpé sur le cheval de Doguereau, cependant que Silas Howe sautait sur sa monture.

Sans parler, les fugitifs s'éloignèrent à toute vitesse. Ils n'avaient pas parcouru deux cents mètres que de nombreuses détonations leur prouvèrent qu'ils avaient été découverts.

De fait, ils purent aussitôt apercevoir la troupe des convicts lancés à leur poursuite. Cette fois, la situation s'aggravait, car le cheval de Doguereau, c'était clair, ne pouvait aller bien loin, étant donné la surcharge qui lui était imposée.

Presque aussitôt, en effet, les fugitifs purent constater que leurs poursuivants gagnaient sur eux. Cependant, Doguereau et ses compagnons ne voulurent pas encore renoncer à la lutte.

Ils éperonnèrent leurs montures, dans l'espoir qu'un incident surgirait peut-être qui ralentirait l'élan des convicts avant la lutte finale. Ce fut le contraire qui arriva : une salve tirée par les bandits, et mieux dirigée, blessa le cheval de Doguereau qui s'abattit.

L'ancien sous-officier et Selim se trouvèrent à terre sans savoir comment. S'était relevés, ils virent auprès d'eux le vieux Silas qui avait arrêté net son cheval.

— Filez ! Mais filez donc ! grommela Doguereau. Nous nous débrouillerons, grand-père !

— Vous tuerez quelques convicts et serez tués ensuite ! répondit le vieux mineur. Et Smithson triomphera ! Ce n'est pas ainsi qu'il faut agir. Vous allez prendre mon cheval et fuir. Nous, nous nous battrons et serons faits prisonniers. Pendant ce temps, vous serez loin. Et je vous connais assez pour savoir que vous nous délivrerez, ou que vous nous vengerez !

Ce disant, Silas Howe avait mis pied à terre et tendait la bride de son cheval à Doguereau.

— Oui, partez, sergent ! fit Selim, coupant la parole à l'ancien sous-officier qui allait refuser ce noble sacrifice. Partez ! On est sûr, au moins, quoi qu'il nous arrive, que vous nous vengerez dignement ! Partez !

— Mais, Selim...

— Sergent ! Allah est grand ! Si vous ne partez pas, je me tue à vos pieds !

Doguereau connaissait assez bien le mameluk pour savoir que sa menace n'était pas vaine. Une rapide réflexion lui fit comprendre que le mieux était de suivre le conseil de ses compagnons et d'accepter l'offre généreuse de Silas Howe.

— Je pars, dit-il. Je vous délivrerai, amis, ou je vous vengerai, ou je mourrai. Parole de Simon Doguereau ! Adieu ou au revoir !

Rapidement il serra la main de ses deux amis, sauta sur le cheval du vieux mineur et lui enfonça ses éperons dans le ventre. L'animal partit comme une flèche.

Une fusillade intense salua ce départ. Silas Howe et Sélim y répondirent en abattant plusieurs convicts. Ils tiraillèrent ainsi jusqu'à complet épuisement de leurs munitions.

Les convicts, arrivés à cent mètres des deux hommes, s'arrêtèrent. Pendant quelques minutes ce fut, de part et d'autre, un feu nourri. Mais il décrût bientôt du côté de Selim et de Silas Howe. Les fusils des deux hommes se turent.

***

Les convicts, croyant que c'était une ruse de guerre, n'osèrent tout d'abord s'approcher. Peu à peu, cependant, ils s'enhardirent, et, à un signe de Smithson, s'élancèrent sur les deux hommes.

Un terrible corps à corps s'engagea. Selim et Howe avaient saisi leurs poignards et s'en servaient avec vigueur. La lutte, pourtant, fut courte. Après avoir encore abattu chacun un bandit, les deux amis succombèrent sous le nombre.

Criblés de coups de pointes, étourdis, aux trois quarts assommés, ils furent ligotés, fouillés et dépouillés de tout ce que contenaient leurs poches. Smithson, narquois, surveillait ces opérations.

— Tu as voulu nous résister, vieux bouc, dit-il à l'adresse de Silas Howe, tu vas savoir ce qu'il en coûte. Je veux que ton supplice effraie toute l'Australie ! Quant à toi, l'Arabe, tu n'auras rien à envier à ce vieux fou ! Je te soignerai moi-même ! Et tu auras le plaisir, avant d'aller rejoindre tes ancêtres, d'assister au supplice de Doguereau... S'il n'est pas pris, il n'est pas loin de l'être... Douze hommes sont partis à sa poursuite !

— On verra ça ! répondit tranquillement Selim. Mais, pour ce qui est de Doguereau, tu te trompes, pauvre naïf, si tu crois prendre Doguereau vivant : ce n'est pas un lâche comme toi !

Smithson poussa un rugissement de rage et tira son poignard pour en frapper son insulteur. Mais une rapide réflexion le retint :

— Patience ! glapit-il. On verra, maître Selim, si tu es aussi fier que maintenant, lorsque je te pendrai par les pieds au-dessus d'un bûcher d'euphorbe !

« Ho ! Les amis ! reprit-il en se tournant vers les convicts rassemblés autour de lui, chargez-moi ces deux colis sur vos chevaux : vous m'en répondez sur votre tête ; et filons à l'auberge. La pluie ne va pas tarder à tomber. Blacke et les autres nous rejoindront *là-bas*, dès qu'ils en auront fini avec ce chien de Doguereau !

Comme si le ciel n'attendait que ces paroles, une pluie furieuse s'abattit soudain en cataractes sur la plaine. Selim et le vieux Silas Howe ayant été chacun chargés en croupe, sur le cheval d'un convict, la troupe des bandits, sous la pluie qui, maintenant, tombait à flots, se mit en route au petit trot.

Une heure, deux heures durant, les convicts trottèrent parmi l'immense plaine, en se dirigeant vers le Nord-Ouest. Le jour était proche lorsqu'ils atteignirent les premiers contreforts de la chaîne des *Blues Moutains* (Montagnes Bleues).

A la suite de Smithson, qui marchait en avant, les bandits s'engagèrent dans un étroit défilé serpentant entre des collines rocheuses et pelées. La pluie tombait toujours. Autour des convicts le paysage était d'une désolation sinistre.

Deux par deux, les bandits avançaient en silence ; ils avaient ralenti l'allure de leur chevaux, le sentier qu'ils suivaient serpentant entre de hauts rocs à pic et des précipices profonds.

Le défilé où Smithson et ses compagnons s'étaient engagés devint bientôt si étroit que les bandits durent se placer en file indienne, pour pouvoir continuer leur chemin.

Le sentier s'élargit enfin et déboucha sur une sorte de cirque en minia-

Sans s'inquiéter de leurs complices, les deux compères entamèrent une longue conversation à voix basse, à laquelle vint bientôt participer la vieille Margett.

ture qu'entouraient de toutes parts des rochers abrupts.

Dans un renfoncement de ce gigantesque entonnoir, une grossière bâtisse en pierres sèches, haute d'un seul rez-de-chaussée et recouverte d'un toit de chaume, avait été édifiée.

Au-dessus de la porte, un panneau de bois se balançait en grinçant à une tringle de fer rouillé. Ces mots — que Selim et Silas Howe auraient pu lire s'il eût fait jour — y étaient peints en rouge : *Nandu's Inn*, c'est-à-dire : *Auberge du Nandou.*

Le nandou comme chacun sait, est un grand oiseau particulier à l'Australie, et qui peut se comparer à l'autruche. Nulle lumière ne filtrait des fenêtres ; une telle obscurité environnait l'auberge que des voyageurs autres que nos convicts eussent pu passer cent fois devant sans la voir.

Mais Smithson devait, sans aucun doute, connaître son existence, car il poussa son cheval vers elle et, arrivé devant la porte, frappa contre le bois de la pointe de sa botte. Mais le bruit de l'ouragan était tel qu'il ne dut pas être entendu. Rien ne bougea.

— Cette vieille Margett devient aussi sourde qu'un pot, *by devil !* (par le diable) grommela le chef des *Ten Pounds* qui, saisissant la carabine qu'il avait passé en bandoulière, en abattit par trois fois la crosse contre la porte.

Cinq secondes s'écoulèrent. Les convicts avaient arrêté leurs chevaux et, rangés en cercle autour de leur chef, attendaient, têtes courbées sous la pluie.

Un petit carré de lumière se découpa soudain au centre de la porte, un tout petit carré de moins de dix centimètres de côté. Il était formé par un « judas » percé dans le milieu du panneau et garni d'une grille de fer.

Une voix aiguë, qui grinçait presque autant que la tringle soutenant l'enseigne, s'entendit :

— Qui est là ? Répondez ou je fais feu ?

— La paix, Margett ! Ouvre vite ! C'est moi : Smithson avec les amis ! répondit le chef des *Ten Pounds.*

Rien ne répondit, mais un bruit métallique de verrous tirés s'entendit. Presque aussitôt la porte s'ouvrit. Une grande femme, si maigre que l'on eût dit un squelette vivant, apparut.

Un vaste tartan de laine rouge et verte recouvrait ses épaules carrées et retombait plus bas que ses genoux. Sa robe, faite de velours pelé et élimé, arrivait à peine à ses chevilles et laissait voir les grosses bottes dont la mégère était chaussée.

Elle tenait d'une main un pistolet à deux canons, et, de l'autre, une lanterne sourde dont elle dirigea le jet lumineux sur les convicts.

— Toujours aussi méfiante, Margett ? gouailla Smithson. C'est bien, ça ! Mais, une autre fois, ouvre plus vite, par Satan ! Je suis plus trempé qu'un huissier au retour de sa tournée !

Et, ce disant, le chef des *Ten Pounds* sauta à bas de son cheval dont il lança les rênes à un de ses acolytes.

— Rien de nouveau ? demanda-t-il à l'horrible vieille.

— Rien, sinon que le shérif de Bathurst est venu deux fois... Je n'aime pas ces visites de shérifs...

— On lui fera passer sa curiosité, la vieille ! Laisse-nous entrer et monte quelques bonnes bouteilles de vin...

de quoi nous humecter le dedans autant que le dehors. On t'amène deux oiseaux : ce sont eux qui ont fait manquer l'affaire de la *Belle-Eugénie*. Il y en a un autre : Ballardy s'en occupe. Il le ramènera sans doute tout à l'heure... Nous nous amuserons demain à les faire chanter !

— Et de l'argent ? Tu en apportes beaucoup ? demanda la vieille femme en se reculant pour laisser entrer les bandits.

— Rien pour l'instant. Mais j'ai quelque chose en vue... Quelque chose de beau qui nous enrichira tous. Suffit. On en parlera !

Et le bandit, sans daigner s'expliquer davantage, franchit le seuil. L'intérieur de l'auberge du Nandou n'était guère plus avenant que l'extérieur.

Il se composait d'une vaste salle au sol de terre nu. Les murailles étaient peintes à la chaux, ou du moins avaient été peintes à la chaux, car, de blanches elles avaient pris une teinte mi-jaune, mi-noire.

Comme mobilier, quelques bancs en bois mal équarri flanquant des tables faites de vieilles caisses clouées sur des chevalets. Le fond de la salle était occupé par un haut comptoir que dominait un casier à bouteilles surmonté du buste en plâtre du roi George III d'Angleterre, lequel était largement écorné et éraflé en divers endroits, notamment au nez, ayant servi très souvent de cible aux consommateurs.

Tout heureux d'être enfin arrivés, les convicts, bruyamment, envahirent la pièce, cependant que deux d'entre eux allaient abriter les chevaux dans un appentis voisin.

Selim et Silas Howe furent jetés sur le sol comme des paquets, et nul ne s'occupa plus d'eux. La vieille Margett, après avoir allumé une grosse lampe à huile qui fumait plus qu'elle n'éclairait, posa verres et bouteilles sur les tables.

Bientôt, la salle fut envahie par la fumée des pipes et les vapeurs de l'alcool. Des cris retentirent ; des vociférations résonnèrent : les convicts, sous l'influence du vin, devenaient loquaces. Seuls Smithson, et un second bandit, qui n'était autre que notre vieille connaissance Ben Blacke, gardèrent leur sang-froid.

Sans s'inquiéter de leurs complices, les deux compères entamèrent une longue conversation, à voix basse, à laquelle vint bientôt participer la vieille Margett.

Lentement, cependant, le jour se levait, faisant pâlir la vieille lampe à huile. Margett, qui était économe, alla l'éteindre.

Les trois quarts des convicts, sous l'influence du vin absorbé, avaient roulé sous les tables et ronflaient avec entrain.

— Six heures, grommela Smithson en tirant de sa poche un splendide chronomètre en or (qu'il n'avait pas dû payer cher), et Ballardy et les autres qui n'arrivent pas ! Ils devraient être ici depuis longtemps... Mais, sur qui se fier ? Je dois tout faire par moi-même si je veux que ça marche ! Pourtant, le cheval de Doguereau était à bout et ne pouvait aller bien loin. Et Ballardy était accompagné de huit de nos plus déterminés camarades ! Qu'est-ce qu'il fait ?

— Hé ! Je n'en sais rien, moi ! maugréa Blacke que les vantardises de son chef impatientaient.

Smithson se leva et marcha vers une des fenêtres.

— Il ne pleut plus, murmura-t-il. Tu viens, Blacke ?

— Non, je vais me reposer !

Smithson eut un haussement d'épaules méprisant. Il se dirigea vers la porte, l'ouvrit et sortit. Ainsi qu'il venait de le dire, la pluie avait cessé.

Le chef des *Ten Pounds* lentement s'éloigna de l'auberge. Il n'avait pas fait vingt-cinq pas qu'il s'arrêta en entendant un galop.

— Ce sont eux ! dit-il à mi-voix, une flamme féroce dans le regard.

Cinq minutes ne s'étaient pas écoulées qu'une troupe de cavaliers débouchа au grand galop dans le cirque rocheux. Ils étaient cinq. Smithson, à leur vue, cracha une effroyable imprécation.

— Doguereau ! glapit-il. Doguereau ? Vous l'avez tué ? J'avais pourtant dit de me l'amener...

***

Celui qui arrivait en tête, Ballardy, pour l'appeler par son nom, grommela :

— Non, nous ne l'avons pas tué ! C'est lui qui nous a démoli quatre camarades ! C'est le diable que cet homme ! Il nous a fait courir jusqu'à la forêt de Balgong et a disparu sitôt après avoir tué Brown, Smoogle et Chums ! Et nous voilà !

Smithson était devenu pâle, plus que pâle : livide, verdâtre.

— Chiens ! lâches ! limaces visqueuses ! bons à rien ! porcs ! glapit-il au comble de la fureur. Neuf contre un, et ne pas même parvenir à lui trouer la peau ! Ah ! j'avais bien raison tout à l'heure, quand je disais à Blacke que je devrais tout faire par moi-même ! En tout cas, toi, Ballardy, tu es resté bien à l'abri, hein ? Je vois que les balles de Doguereau ne t'ont pas fait du mal !

— Ni à toi, Smithson ! répondit insolemment l'Irlandais d'un air de défi.

Le chef des *Ten Pounds* eut un mouvement de rage. Son regard haineux se croisa avec celui de Ballardy qui ne détourna pas les yeux. Smithson serra les poings, mais se contint : il avait besoin de son complice.

— A quoi bon nous disputer ? dit-il d'une voix radoucie. Doguereau s'est enfui, mais nous le rattraperons un jour ou l'autre. Nous tenons toujours Selim et le vieux Silas Howe. Nous nous consolerons en nous faisant la main sur eux. Arrive, Ballardy : nous allons boire un verre de whisky. Ensuite, on allumera les bûchers pour griller ces deux porcs !

— Après les avoir pendus, comme de juste ! approuva Ballardy, rasséréné, en sautant à bas de son cheval.

Ses compagnons l'imitèrent et, à ses côtés, entrèrent dans l'auberge. Une joyeuse animation régnait maintenant dans l'auberge du Nandou : les convicts, tous réveillés par les soins de la vieille Margett, s'entonnaient à qui mieux mieux d'amples rasades de vin et de whisky tout en devisant de leurs crimes passés ou futurs.

Smithson lestement sauta sur une table sur laquelle il se mit debout.

— *Shut up !* (Fermez ça !), glapit-il. Aujourd'hui, divertissements ! Nous allons commencer la journée par la punition des deux rascals qui sont là. Ensuite, whisky à volonté.

Une acclamation enthousiaste salua ce petit discours.

— Je propose donc, poursuivit le chef des *Ten Pounds* quand les braiements de ses complices se furent enfin calmés, de transporter les prisonniers dans le vallon et de les accrocher chacun à un eucalyptus, tout en leur grillant un peu les pieds, comme de juste !

L'assistance, tout entière, approuva ces impudentes paroles. Sur quoi, les convicts, ayant bu une dernière rasade d'alcool, empoignèrent Selim et Silas Howe, qui gisaient sous une table, et sortirent en foule de l'auberge.

Smithson resta le dernier dans la salle.

— Prépare tout pour cette nuit, hein ! souffla-t-il à la vieille Margett.

— Entendu, fit la mégère. Mais je veux, moi aussi, aller voir pendre ces deux idiots : on n'a pas si souvent l'occasion de s'amuser ici !

— Tu ne seras jamais sérieuse, Marg ! grogna le chef des *Ten Pounds* d'un ton mi-sérieux, mi-plaisant. Arrive !

L'horrible vieille ayant passé son bras sous celui de Smithson, les deux misérables sortirent de l'auberge.

Déjà la troupe des convicts avait traversé presque en entier le cirque rocheux et se dirigeait vers un étroit défilé qui serpentait entre deux falaises à pic.

Fumant, vociférant, chantant, hurlant, les bandits, qui s'étaient groupés et avaient hissé les deux prisonniers sur leurs dos, parcoururent ainsi environ quatre cents mètres et débouchèrent dans un petit vallon planté de gigantesques eucalyptus dont le feuillage gris-bleu jonchait le sol.

Silas Howe et Selim furent déposés, jetés plutôt, à terre, sous un des grands arbres. Sans plus s'occuper d'eux, les convicts se mirent à l'ouvrage. C'est-à-dire qu'ils balayèrent le sol sous un des eucalyptus et y empilèrent un gros tas de branchettes et d'herbes.

— Bien humide, tout cela, grogna l'un d'eux. Nos gibiers ne grilleront pas vite !

— Tant mieux : ça durera plus longtemps ! répondit un autre.

Etendus sur la terre encore mouillée par l'averse de la nuit, Silas Howe et Selim ne perdaient rien de ces préparatifs. Depuis qu'ils avaient été faits prisonniers, les deux hommes ne se faisaient pas illusion sur le sort qui les attendait.

Ils étaient résignés, sûrs d'être vengés par Doguereau. L'arrivée de Ballardy bredouille les avait réjouis. Certains maintenant que leur ami avait réussi à échapper aux convicts lancés à sa poursuite, la mort leur était moins amère.

Au surplus, ils étaient épuisés et souffraient atrocement, non seulement de la faim et de la soif, mais encore des liens les garrottant et qui leur entraient profondément dans les poignets et dans les chevilles, tant ils étaient serrés.

Un quart d'heure passa. Les préparatifs étaient terminés. Deux convicts, choisis parmi les plus jeunes de la bande soulevèrent Selim et son compagnon et les portèrent sous l'eucalyptus au pied duquel le bûcher avait été édifié.

Le soleil, maintenant, était haut et apparaissait au-dessus de la cime des montagnes avoisinantes. Les convicts, vibrants d'une joie féroce, se formèrent en cercle autour de l'eucalyptus fatal.

Smithson et la vieille Margett s'étant installés à la place d'honneur, bien en face de l'arbre, la petite fête commença. Les deux bandits, qui avaient porté Selim et Silas Howe, les obligèrent à se lever et les poussèrent jusqu'à un mètre du bûcher.

Un troisième convict alluma alors une torche résineuse dont il s'était muni et se tint prêt à mettre le feu aux amas d'herbes et de branches entassées sous l'arbre.

— Allez-y, garçons ! ordonna Smithson en allumant un gros cigare.

A ce signal, quatre autres convicts sortirent des rangs de l'assistance et s'approchèrent des prisonniers. Ils tirèrent leurs poignards comme s'ils voulaient égorger leurs victimes. Mais ce n'était qu'une sinistre plaisanterie.

Les bandits ne se servirent de leurs armes que pour trancher les liens qui ligotaient Silas Howe.

— Vous voyez, messieurs, ici, c'est en famille : on meurt libre ! Vive donc la liberté ! gouailla Smithson. Ho ! Sprachtug ! Commence par le vieux : étant plus âgé, il est juste qu'il meure le premier.

Le dit Sprachtug, un ignoble assassin bavarois, condamné à la servitude pénale à vie pour divers crimes tous plus horribles les uns que les autres, et ami intime de Smithson en compagnie de qui il s'était évadé de Botany-Bay, s'approcha de Silas Howe.

— Et alors, le vieux, gouailla-t-il en tendant ses bras qui tenaient une mince corde suifée vers le vieillard, on va te mettre une belle cravate : tu n'en as jamais eu d'aussi belle de toute ta chienne de vie !

— Tu en auras encore une plus belle, répondit Silas Howe, impassible, le jour où le bourreau de Sydney s'occupera de toi !

Le bandit eut un grondement de rage, et brutalement passa la corde autour du cou du vieux mineur et en lança l'autre extrémité à un convict qui attendait, perché dans une des branches de l'eucalyptus.

Ceui-ci l'attrapa au vol, le passa autour de la branche et en renvoya l'extrémité en bas. Quatre bandits s'en saisirent et se tinrent prêts à hisser le patient.

— Adieu, Selim ! fit Silas Howe stoïquement. Si vous survivez, dites à Doguereau que je suis mort sans regrets !

— Ne t'inquiète pas de Doguereau, vieille langouste ! gouailla Ballardy, férocement : on lui fera la commission !

— Attention, les amis, clama Smithson : soyez prêts à hisser le vieux ! Allez-y doucement, hein ? Doucement, comme vous feriez pour votre mère ! Un, deux, trois ! Hissez !

Lentement les bandits tirèrent sur la corde. Oh ! Smithson avait fait des recommandations superflues : les bandits étaient enragés contre Doguereau et ses amis qui leur avaient tué tant des leurs.

Ce fut lentement, très lentement, qu'ils pesèrent sur la corde. Celle-ci se tendit progressivement, mais sans étrangler le vieillard, les convicts ayant eu la précaution d'y pratiquer un nœud qui l'empêchait de glisser.

Silas Howe devint rouge... Et les bandits, joyeux à cet horrible spectacle, continuèrent à tirer. Le vieillard, lentement, imperceptiblement, s'éleva de terre et fut bientôt suspendu à un mètre du sol.

Il tournoya alors sur lui-même, cependant que ses mains décharnées s'agitaient vainement, comme si elles cherchaient un appui dans le vide... Des applaudissements joyeux retentirent.

— Allumez le bûcher ! ordonna Smithson.

— Non ! Qu'on le dépende un peu avant ! glapit la vieille Margett : voilà déjà qu'il tourne de l'œil. Il ne sentirait rien !

— Oui ! oui ! Dépendons-le ! approuvèrent les misérables.

— Dépendez-le ! fit le chef des *Ten Pounds* qui ne refusait jamais rien à ses hommes, et à qui, du reste, ce spectacle ne déplaisait pas.

Les convicts qui tenaient la corde obéirent. Doucement, Silas Howe fut redescendu et posé sur le sol où il resta quelques instants inanimé, puis le vieillard eut un violent sursaut qui le fit se dresser sur son séant et regarda autour de lui d'un air égaré.

— Ne perdons pas de temps, fit Smithson ; maintenant que ce vieux crocodile a repris ses sens, qu'on en finisse ! Sinon, nous serons encore là ce soir ! Car nous en avons un autre à arranger !

Des cris approbatifs saluèrent ce petit discours. Deux convicts relevèrent aussitôt Silas Howe, tandis que les autres tiraient de nouveau sur la corde fixée à son cou.

Pour la deuxième fois, le martyr monta dans les airs parmi la risée féroce des bandits.

— Allumez ! commanda Smithson dès que Silas Howe se balança à deux mètres de terre.

Le convict qui tenait la torche enflammée en main bondit vers le bûcher et en approcha son brandon. Une épaisse fumée rousse tourbillonna, enveloppant Silas Howe dans son nuage.

De nouvelles acclamations retentirent et s'éteignirent soudain dominées par deux détonations. Silas Howe tomba lourdement sur les amas de branches enflammés : la corde qui le soutenait ayant été coupée net par une balle.

Et, presque à la même seconde, le convict qui venait d'allumer le bûcher et qui se tenait auprès, sa torche à la main, s'écroula, une balle entre les deux yeux.

Il y eut quelques instants de stupeur, puis des clameurs terrifiées retentirent :

— Doguereau ! C'est Doguereau !... L'homme à la carabine !

Ainsi que l'avait déjà expliqué Ballardy à Smithson, Simon Doguereau, non seulement avait réussi à échapper aux convicts lancés à sa poursuite, mais encore, avait abattu plusieurs bandits.

L'ancien sous-officier de la Grande-Armée, après avoir quitté Silas Howe et Selim, s'était lancé, droit devant lui, de toute la vitesse de son cheval, vitesse qui n'était pas excessive, car l'animal était aux trois quarts épuisé par la longue course qu'il venait de fournir et par les efforts qu'il avait dû accomplir pour sortir de la rivière Hunter.

C'est pourquoi Doguereau, après quelques minutes, avait constaté que la troupe de bandits le poursuivant gagnait rapidement sur lui.

Son parti avait été pris sur-le-champ : ayant distingué, à quelques centaines de mètres en avant, un bou-

A ce spectacle, l'ancien sous-officier ne put plus y tenir : il épaula, visa, et, par deux fois, fit feu, provoquant la chute de Silas Howe et la mort d'un de ses bourreaux.

quet d'eucalyptus, l'ancien sergent y avait dirigé son cheval.

A coups de poignard, il avait surexcité l'élan de la bête. Mais le malheureux animal n'avançant pas encore assez vite à son gré, Doguereau avait eu recours à l'expédient cruel dont se servent les chasseurs mexicains : ayant versé un dé de poudre dans l'oreille de l'animal, il y avait mis feu à l'aide de son briquet.

Le cheval, sous l'influence de l'horrible douleur, avait bondi en avant à une allure folle. En quelques secondes il avait atteint le bouquet d'arbres entre lesquels il s'était abattu.

Mais qu'importait à Doguereau : il avait prévu cette éventualité et, au moment où son coursier manquait sous lui, s'était jeté de côté et était allé immédiatement se placer derrière un buisson de lentisques.

Invisible, grâce à la nuit, il avait attendu qu'arrivassent Ballardy et ses convicts. Ceux-ci, par suite de l'obscurité, n'avaient pu voir tomber le cheval de Doguereau et le croyaient loin.

Au grand galop, ils s'engagèrent parmi les arbres. Deux coups de carabine retentirent, abattant deux bandits. Les autres, épouvantés, car ils comprenaient d'où provenaient les projectiles, s'arrêtèrent, indécis sur ce qu'ils devaient faire.

Avant qu'ils aient pu discuter longuement, deux balles vinrent accroître leur trouble, cependant que deux d'entre eux tombaient encore. C'en était trop pour la vaillance de ces *galants hommes* : sans avoir besoin d'échanger un seul mot de plus, ils s'enfuirent avec un ensemble merveilleux, et si vite que Doguereau n'eut même pas le temps, malgré sa dextérité, de recharger sa carabine pour leur envoyer d'autres pruneaux.

Avant qu'il ait remis des balles dans son arme, les bandits furent loin.

— On se reverra, murmura l'ancien sous-officier, philosophiquement. Chaque chose en son temps. D'abord, il me faut un cheval, puis des balles et de la poudre. Ça ne va pas être difficile à trouver !

En effet, Doguereau n'eut pour ainsi dire qu'à se baisser. Il eut rapidement dépouillé les quatre convicts qu'il avait abattus de leurs poires à poudre et de leurs sacs de balles et se trouva ainsi à la tête de plusieurs livres de poudre et d'un poids égal de balles.

En plus de ces munitions, il s'empara également d'une gourde remplie de whisky, d'un excellent fusil, d'un sac de galettes de maïs et de deux jambons qu'il trouva dans les fontes des selles des morts.

Car leurs chevaux, maintenant qu'ils n'avaient plus de cavaliers, s'étaient tranquillement arrêtés et mis à brouter l'herbe courte qui recouvraient le sol.

Doguereau choisit l'animal qui lui parut en meilleur état et, laissant les autres à leur sort, s'élança à la suite des convicts. *A la suite* est exagéré.

L'ancien sergent était trop prudent pour vouloir attaquer les bandits : il comprenait qu'une seule balle bien envoyée pourrait, soit le tuer, soit le blesser. Aussi se borna-t-il à ne pas perdre les traces de ses ennemis.

Au cours de ses glorieuses campagnes en Espagne, en Allemagne et en Russie, Doguereau avait appris l'art de découvrir les moindres pistes. Malgré la nuit, il réussit donc sans trop de peine à savoir ce que devenaient les convicts.

La pluie torrentielle qui, sur ces entrefaites, s'abattit sur la contrée, ne le gêna que peu, car elle lui permit de se rapprocher de ses ennemis sans que ceux-ci s'en aperçussent.

Et c'est ainsi que l'ancien sergent, suivant Ballardy et ses compagnons, atteignit la passe des Montagnes Bleues. La prudence — prudence d'autant plus nécessaire que le jour se levait, — empêcha Doguereau de suivre les convicts jusque devant l'auberge du Nandou : il ne connaissait pas du tout la contrée et craignait de s'égarer ou de tomber dans quelque embuscade.

Il attendit donc quelques minutes avant de poursuivre ses investigations. Ayant laissé son cheval dans le lit d'un torrent desséché, il étudia minutieusement le terrain aux alentours de l'auberge de la vieille Margett, et, dissimulé dans un trou de rocher, vit Smithson et ses convicts sortir de leur repaire en emmenant leurs prisonniers.

Non sans peine, car il était difficile d'avancer sans être vu, Doguereau suivit les bandits et arriva devant le vallon au moment où les misérables assassins pendaient pour la deuxième fois l'infortuné Silas Howe.

A ce spectacle l'ancien sous-officier ne put plus y tenir : il épaula, visa, et, par deux fois, fit feu, provoquant la chute de Silas Howe et la mort d'un de ses bourreaux.

Les convicts, on l'a vu, ne se méprirent pas un instant sur l'identité du tireur et comprirent que c'était Doguereau. En quelques secondes ils eurent décroché les fusils qu'ils portaient en bandoulière et, au hasard, firent feu.

Mais Doguereau, ses deux coups tirés, s'était aplati derrière un buisson. Le temps de recharger sa terrible carabine, et, de nouveau, il fit feu.

Deux convicts, frappés à mort — une balle entre les deux yeux chacun, — tombèrent foudroyés.

— A mort, les prisonniers ! Tuons-les de suite ! glapirent les bandits exaspérés.

Tous ensemble ils se ruèrent vers le bûcher sur lequel gisait Silas Howe inanimé. Le feu, par bonheur, s'était éteint, étouffé par le corps du vieux mineur.

Le premier convict qui arriva auprès de Silas Howe n'eut que le temps de lever son poignard, et tomba, une balle dans la tête.

Le second eut le même sort. Ceux qui suivaient, épouvantés, hésitèrent, ce qui donna à Doguereau le temps de recharger sa carabine.

Or, d'autres bandits s'occupaient de Selim qui, ayant mains et pieds ligotés, ne pouvait faire le moindre mouvement. Deux des convicts s'étant approchés un peu trop près du mameluk, payèrent de leur vie cette témérité.

Alors, de tous côtés, ce fut la débandade.

— Au large ! Doguereau n'est pas seul ! Ils sont plus de vingt ! Sauve qui peut ! glapirent les convicts en se dispersant.

Smithson, écumant de rage, essaya d'arrêter la fuite de ses hommes. Personne, pas même Blacke ni Ballardy, ne l'écouta.

— Bêtes puantes, mendiants, chacals galeux ! hurla le chef des *Ten Pounds* en proie à une rage horrible, vous reculez devant un seul homme. Vous êtes des...

Smithson, à ce moment, se tut fort opportunément pour lui et baissa la tête juste à temps pour éviter la balle qui lui envoyait Doguereau. C'est ainsi que les convicts ne surent pas la suite du discours de leur chef.

Sans plus parler, le chef des *Ten Pounds* imita ses hommes et, se glissant comme une couleuvre entre les énormes troncs des eucalyptus, disparut parmi les rocs environnants.

Seule la vieille Margett, tremblante de fureur et de rage, et effroyable à voir, resta auprès des prisonniers. Semblable à une furie, elle tira de sa ceinture un long poignard à manche de bois, et, marchant vers Selim, glapit :

— Tu ne m'échapperas pas à moi, l'Arabe !

Ce disant elle se pencha vers le mameluk et leva sur lui son bras décharné. Un coup de feu claqua. La lame que brandissait l'horrible vieille femme, coupée en deux, tomba comme une feuille morte.

Margett resta avec un tronçon d'acier en main. Mais sa férocité était telle qu'elle ne s'avoua pas battue et grogna :

— Il est encore assez bon, mon poignard, pour te crever les yeux, l'Arabe !

Mais une voix mâle retentit :

— Pas de bêtise, vieille sorcière, car cette fois je tire à la tête ! Et tu sais que je ne manque jamais mon coup ! Bas les pattes !

Le visage hideux de la femme-assassin devint grisâtre. Elle se retourna et vit Doguereau qui arrivait au pas de course, sa terrible carabine au poing. Alors la mégère, prise d'une terreur panique, se releva et, de toute la vitesse de ses grandes jambes, s'enfuit et disparut parmi les arbres.

Doguereau eut un haussement d'épaules ; malgré l'horreur que lui inspirait ce monstre femelle, il ne put se résoudre à tirer sur une femme.

Jetant sa carabine sur son épaule, il tira son poignard et, en un instant, eut délivré Selim et ses liens.

— Allah ! J'ai bien cru que vous arriveriez en retard, sergent ! dit simplement le mameluk.

— Je n'avais pas de montre, mon vieux, répondit gaiement l'ancien sous-officier en tendant à Selim le fusil enlevé à un des convicts qu'il avait abattus la nuit précédente, et qu'il avait passé en bandoulière.

L'Egyptien s'en saisit.

— Il est chargé, expliqua Doguereau qui, après avoir remis à son vieil ami de la poudre et des balles, courut vers Silas Howe et le débarrassa de la corde qui lui enserrait le cou.

Le vieux mineur n'était qu'évanoui. Doguereau, avec une rondeur toute militaire, le pinça, le bourra, le secoua si bien, qu'en quelques minutes Silas Howe eut repris ses sens.

— Ça va mieux, grand-père ? demanda l'ancien sous-officier, fraternellement.

— Heu !... Assez... Mais j'ai bien cru que j'étais parti pour le grand voyage ! Mais abandonnez-moi ; je vais vous gêner ; je peux à peine me tenir sur mes jambes !... Je causerai votre perte à tous... Il vaut mieux que...

Plusieurs balles sifflant au-dessus des trois hommes, accompagnées de leurs respectives détonations, interrompirent les protestations du vieillard ; les convicts, revenus maintenant de leur alerte, arrivaient à la rescousse.

— Envoie-leur quelques balles, Selim ! gronda Doguereau qui, sans plus écouter Silas Howe, le saisit à bras-le-corps et le jeta sur son dos comme un paquet.

— Selim ! Détalons ! cria-t-il.

Les détonations couvrirent sa voix. Il se retourna et vit, entre les arbres, plusieurs convicts. Sans lâcher son fardeau vivant, il leva sa carabine de sa main libre, et, par deux fois, fit feu.

Deux râles, qui accompagnèrent les détonations, lui apprirent qu'il avait touché. Sans tarder il s'élança vers un ravin servant de lit à un torrent qui coulait à une centaine de mètres de là.

Sous les balles, il gagna le bord de la faille et se laissa glisser de roc en roc. Il eut bientôt atteint le fond du ravin et se glissa à travers les bouquets de joncs et de roseaux qui croissaient sur ses bords.

Selim, tout en canardant les convicts du mieux qu'il le pouvait, avait suivi l'ancien sergent. Les deux amis, qui entendaient les balles siffler au-dessus de leurs têtes, se frayèrent lentement un chemin parmi les roseaux.

Mais ils purent bientôt constater que les convicts n'abandonnaient pas la poursuite. Maintenant qu'ils savaient que Doguereau était seul avec ceux qu'il avait délivrés, ils comptaient bien avoir raison de lui.

— Prends Silas sur ton dos, Selim, fit l'ancien sergent en s'arrêtant : je vais leur envoyer quelques pruneaux pour les dégoûter !

Obéissant à Doguereau, Selim chargea le vieux Silas hébété sur ses épaules...

— File par là-bas ! fit l'ancien sergent de la Grande-Armée en étendant les bras vers un amoncellement d'énormes blocs entre lesquels serpentait le ravin. Je vous y rejoindrai.

— Compris, sergent ! répondit simlement Selim qui s'éloigna immédiatement dans la direction indiquée.

Doguereau, aussi tranquille que s'il eût été à l'exercice, s'agenouilla parmi les roseaux desséchés et, par deux fois, fit feu. Il avait bien visé : deux convicts qui apparaissaient parmi les ajoncs tombèrent en hurlant, la tête fracassée.

Doguereau, en hâte, rechargea son arme. Mais ce fut inutilement qu'il fouilla les alentours du regard, il ne vit plus personne : rien que les cadavres des deux bandits qu'il venait d'abattre : les acolytes de Smithson avaient appris, à leurs dépens, à être prudents.

Le doigt sur la détente de sa carabine, Doguereau se glissa entre les hautes herbes pour rejoindre Selim. Il eut à peine parcouru quelques mètres que plusieurs balles sifflèrent au-dessus de lui : les convicts qui le guettaient, l'avaient vu.

L'ancien sergent, d'une pièce, se retourna et, au jugé, fit feu dans la direction d'où semblaient être parties les détonations.

Un cri de douleur lui apprit qu'il ne s'était pas trompé. Tout aussitôt il détala et, malgré les balles, réussit à rejoindre Selim. Le brave Égyptien, alourdi par le poids de Silas Howe et épuisé par une nuit sans sommeil, n'avançait que lentement.

— Plus vite, clampin ! souffla Doguereau. Sinon, nous allons être rejoints. Il faut...

L'ancien sous-officier de la Grande-Armée s'interrompit pour épauler vivement et tirer. Un convict qui rampait entre les roseaux dans la direction des fugitifs, se dressa brusquement, battit l'air de ses bras et retomba, la face en avant : il avait une balle entre les deux yeux !

Sans dire un mot, Doguereau jeta sa carabine en bandoulière et, saisissant Silas Howe par la ceinture, le plaça sur son épaule avant que Selim ait pu comprendre son dessein.

— En route, animal, et de la poigne, saperlotte ! conclut-il. Sinon, ces maudits chenapans vont nous rejoindre ! Envoie-leur de temps en temps un bon pruneau, histoire de modérer leur ardeur, et suis-moi !

Ce disant, Doguereau bondit parmi les pierrailles et les roseaux, comme si le vieil Howe n'eût pas pesé plus qu'un lièvre. Suivi de l'Egyptien, il franchit ainsi une centaine de mètres et s'arrêta à l'improviste pour faire feu par deux fois dans la direction des convicts.

Il n'atteignit personne, cette fois. Mais, plusieurs blasphèmes furieux lui firent comprendre que ses balles n'avaient pas passé loin de leur but. Les quartiers de rochers obstruant le ravin devenaient, heureusement pour les fugitifs, de plus en plus nombreux. Bientôt Doguereau et ses compagnons, bien que n'ayant qu'une avance de quelques centaines de mètres sur leurs poursuivants, furent à l'abri de leurs projectiles, les rocs les protégeant.

Ils en profitèrent pour hâter le pas et purent progressivement se rendre compte que la distance les séparant des convicts augmentait avec rapidité. Une heure plus tard, ils n'entendirent plus rien.

Doguereau, s'arrêtant, déposa Silas Howe sur le sol et colla son oreille à la terre.

— Nos gibiers sont loin, murmura-t-il. On n'entend rien ! Mais il faut en profiter pour prendre de l'avance ! Je ne serai tranquille que quand j'aurai pu nous procurer des chevaux à tous trois... C'est loin, Darlington, maître Silas ?

Les secousses de la poursuite avaient ranimé le vieux mineur. Il soupira, regarda Doguereau et répondit :

— Darlington ? Mais, nous lui tournons le dos, monsieur Doguereau ! Nous sommes ici dans le ravin de Wallaho... En été, pendant la saison des pluies, un torrent y coule... Pour gagner Darlington, il faudrait revenir sur nos pas...

— ... et nous jeter dans les pattes de Smithson ! Merci ! fit jovialement l'ancien sous-officier. Savez-vous quelle est la bourgade la plus proche d'ici, maître Silas ?

— Heu ! C'est Darlington... Mais, puisque nous ne pouvons y aller, il y a Mudgee... c'est à une quarantaine de milles dans le nord...

— Quarante milles, c'est long ! grommela Doguereau. Mais ce sera plus long encore si nous restons ici comme des bornes ! En avant ! Venez sur mon dos, grand-père !

— Non ! se défendit Silas Howe. Je me sens mieux ! Je peux marcher maintenant : cela me fera du bien : je suis tout engourdi ! Ces misérables bandits m'avaient plus qu'à demi asphyxié, et aussi « un peu » pendu !

— Même beaucoup, maître Silas !

Quand j'ai coupé la corde, vous étiez, à ce que j'ai vu, non seulement « un peu » pendu, mais entièrement pendu ! Mais ne nous attardons pas ! Et en avant du pied gauche !

En silence, les fugitifs se remirent en route. Autour d'eux, c'étaient toujours des roseaux desséchés et d'énormes pierrailles roulées par le torrent.

Quelques filets d'eau claire coulaient çà et là entre les rocs. Les trois hommes, sans parler, marchèrent pendant toute la journée. Aucun d'eux n'avait dormi la nuit précédente, mais tous trois sentaient que, s'ils s'arrêtaient, ils risquaient de retomber au pouvoir de Smithson et de ses bandits, et cette pensée les empêchait de songer à leur épuisement.

Vers la fin de l'après-midi, sur le conseil de Silas Howe qui connaissait la contrée, les fugitifs quittèrent le fond du ravin et s'engagèrent dans une épaisse forêt d'eucalyptus géants.

Ils cheminèrent entre les arbres jusqu'à la nuit, et s'arrêtèrent enfin à bout d'énergie, au bord d'un maigre ruisselet qui coulait entre les fougères. Lorsque Doguereau avait abandonné son cheval non loin de l'auberge du Nandou, il avait eu soin d'emporter le jambon et le sac de galettes enlevés aux convicts.

Les trois amis purent donc dîner. Mais ils étaient surtout fatigués. La dernière bouchée achevée, ils s'étendirent sur l'herbe haute et molle et s'endormirent en chœur.

Les convicts étaient loin, maintenant, et ne risquaient pas de retrouver leurs traces. De fait, la nuit se passa sans incidents. Au jour, Doguereau, réveillé le premier — vieille habitude militaire ! — appela ses compagnons.

Le reste du jambon et des galettes furent rapidement engloutis ; après quoi, les trois hommes, s'étant désaltérés à même le courant du ruisselet, se remirent en route.

Bien reposés, ils avancèrent plus vite que la veille.

— En marchant bien, nous pouvons arriver ce soir à Mudgge ! déclara Silas Howe.

Cette espérance ne se réalisa pas. Vers le milieu de la journée, le vieux mineur fut pris de frissons ; il voulut quand même continuer à marcher pour ne pas retarder ses compagnon ; mais, un quart d'heure plus tard, une fièvre intense s'empara de lui ; peu après, il délira.

Doguereau, qui en avait vu, comme l'on dit, *de toutes les couleurs* au cours de son existence agitée, diagnostiqua une fièvre cérébrale.

Faisant contre mauvaise fortune bon cœur, l'ancien sous-officier chargea Silas Howe sur son dos. Mais le vieillard, qui semblait avoir complètement perdu la raison, remua si fort, s'agita tellement que Doguereau, malgré toute sa vigueur, ne put le retenir. Par deux fois, le malheureux homme roula sur le sol.

— Ça ne peut pas durer comme ça ! grommela l'ancien sous-officier. Il faut avancer, et nous ne pouvons laisser ici notre compagnon ! Coûte que coûte, il faut arriver pour le faire soigner... Selim ! Tu vas me dénicher quelques lianes avec lesquelles nous attacherons Silas sur mon dos !

L'Egyptien s'inclina en signe d'assentiment et se mit incontinent à la recherche des végétaux demandés. Il eut vite cueilli quelques tiges de phormium qu'il tressa rapidement.

Silas Howe, en proie à un furieux

Ce disant, Doguereau bondit parmi les pierrailles et les roseaux, comme si le vieil Howe n'eût pas pesé plus qu'un lièvre.

accès de fièvre cérébrale causé par les tourments subis, se roulait sur le sol en poussant des cris inarticulés.

Non sans peine, Selim et Doguereau parvinrent à lui immobiliser bras et jambes. Dès qu'il fut ligoté, il cessa de crier et de s'agiter et se laissa soulever par l'ancien sergent qui le jucha sur son dos comme un paquet.

— En route ! conclut Doguereau. A propos, Selim, dans quelle direction se trouve ce pays de Mudgee ? Il me semble que notre compagnon a dit que c'était vers le nord, hein ?

— Au nord, oui, sergent ! Du moins, je crois ! acquiesça l'ex-mameluk.

Les deux amis se remirent en marche. Mais il est difficile de s'orienter dans une forêt inconnue, et surtout de garder la bonne direction, lorsqu'on n'a ni carte ni boussole.

Au coucher du soleil, Doguereau et Selim, bien qu'ils eussent certainement parcouru beaucoup plus de quarante milles dans la journée, se trouvèrent dans une vallée rocheuse, semée de hauts eucalyptus entre lesquels poussaient des fougères, sans que rien autour d'eux annonçât la proximité d'un centre habité.

— Pourtant ! grommela Doguereau, je suis persuadé d'avoir bien suivi la direction du nord : l'orientation, ça me connaît. Cet animal de Silas se sera trompé ! C'est peut-être soixante ou septante milles qu'il a voulu dire, à moins qu'il ait fait erreur sur la direction... On dit *nord*, et c'est quelquefois *nord-est* ou *nord-ouest !* Mon cousin Jeanselme, lorsque nous étions à bord de la *Belle-Eugénie*, — tu t'en souviens, Selim ? — me disait qu'une petite erreur au point de départ peut devenir fort grande à l'arrivée ! En attendant, nous voilà bel et bien égarés, comme dirait l'autre !

— Peut-être que le vieux était déjà « maboul », ce matin ? hasarda Selim en désignant Silas Howe qui grelottait sur le sol où Doguereau l'avait doucement déposé.

— Tout est possible ! maugréa l'ancien sous-officier. Quoi qu'il en soit, nous voilà perdus comme des recrues qui ont lâché leur caporal ! Dans une heure, il fera nuit ! On va chercher un coin pour bivouaquer ! Demain, on verra ! Le seul malheur, c'est qu'il ne nous reste rien à nous mettre sous la dent ! Arrive, clampin !...

Silas Howe n'avait pas bougé. Etendu sur le dos, il regardait le ciel d'un œil fixe, et continuait à frissonner. Doguereau, sans plus parler, le chargea sur son dos, et, flanqué de l'ex-mameluk, se remit en route.

Pendant quelques minutes, les deux amis avancèrent en silence, écartant devant eux les gigantesques fougères qui croissaient un peu partout entre les eucalyptus.

— Selim ! s'écria soudain Doguereau en étendant le bras : je crois que voilà notre affaire ! Une grotte ! Nous y serons à l'abri !

Et la main de l'ancien sergent de la Grande-Armée désigna une ouverture béante qui se dessinait sous un entassement de rochers envahis par la végétation.

— C'est vrai, ser... voulut dire Selim, mais il n'acheva pas et, précipitamment, fit un bond en arrière.

Simon Doguereau éclata de rire : l'une derrière l'autre, trois hyènes efflanquées au pelage rogneux, venaient de sortir de la grotte.

L'ancien sergent de la Grande-Armée eut un mouvement instinctif pour saisir sa carabine et abattre les immondes animaux, mais il n'en fit rien et se contenta de hausser les épaules en grommelant:

— Ça n'en vaut pas la peine...

Les hyènes, du reste, étaient déjà loin : à la vue des intrus, elles s'enfuyaient peureusement.

— C'est la première fois que je t'ai vu avoir peur, tu sais, Selim ! railla amicalement Doguereau.

— Je n'ai pas eu peur, sergent ! J'ai été dégoûté : ce sont des animaux immondes et impurs que le prophète nous défend de toucher !

— Le fait est qu'ils ne fleurent pas la rose : ça me rappelle l'odeur que j'ai sentie dans une cabane de Prusse orientale, où on nous avait fait cantonner en 1812... Mais, à la guerre comme à la guerre, pas vrai ! On ne choisit pas toujours son endroit pour bivouaquer ! Arrive, clampin ! Et bouche-toi le nez, si tu aimes les parfums !

Ce disant, Doguereau, tranquillement, s'engagea dans l'ouverture creusée dans le roc. Une odeur de chair putréfiée y régnait, mais la caverne devait avoir deux ou plusieurs issues, car un léger courant d'air s'y faisait sentir et rendait le séjour supportable.

Doguereau, après quelques pas, s'arrêta, n'y voyant goutte. Il déposa doucement Silas Howe sur le sol et alluma un briquet d'amadou enlevé à un convict. Grâce à la petite étincelle rouge, l'ancien sous-officier put constater qu'il se trouvait dans une sorte de boyau rocheux qui semblait se prolonger assez loin.

— Selim ! dit-il à l'ex-mameluk qui lui avait emboîté le pas, charge-toi de notre camarade : moi, je marcherai en avant, en éclaireur, histoire de voir où ce souterrain nous mène !

— Entendu, sergent ! fit l'Egyptien qui souleva Silas et le plaça à califourchon sur ses épaules.

Doguereau, guidé par la faible clarté de l'amadou en ignition, poursuivit sa route. Le couloir rocheux, large de deux mètres et haut de trois, était jonché d'ossements d'animaux : singes, antilopes et gazelles en majorité, dont les corps avaient dû être dévorés par les hyènes.

Mais, bientôt, le sol devint absolument net. La puanteur cessa presque : évidemment, les immondes animaux n'étaient pas allés plus loin.

Doguereau en comprit la cause quelques mètres plus loin en apercevant une large flaque d'eau qui barrait le souterrain dans toute sa largeur.

Lire la suite de L'HOMME A LA CARABINE dans le volume qui paraîtra la semaine prochaine sous le titre :

L'Auberge du Nandou

Nos lecteurs en trouveront le début à la page suivante.

L'AUBERGE DU NANDOU

CHAPITRE PREMIER

L'ATTAQUE DE LA DILIGENCE

L'ancien sergent, d'un bond, la franchit et poursuivit son exploration. S'étant retourné, il put constater que Selim le suivait. Tranquillisé, il avança et parcourut ainsi un kilomètre environ.

C'est que, peu à peu, la curiosité s'emparait de lui : il voulait savoir où aboutissait le mystérieux souterrain. Il fut bientôt satisfait. Quelques minutes plus tard, il déboucha brusquement dans une immense grotte, assez haute et vaste pour y loger une cathédrale.

Des stalactites cristallines pendaient de la voûte et quelques-unes, rejoignant les stalagmites, formaient de merveilleuses colonnes qui reflétaient la petite étoile rouge du briquet de Doguereau. Saisi d'admiration, celui-ci s'arrêta.

— Voilà de quoi se loger, murmura-t-il. Mais je crois que nous ferions mieux de retourner sur nos pas, avant que mon amadou soit au bout ! Demain, nous fabriquerons des torches et reviendrons visiter l'endroit... Qui sait, peut-être y ferons-nous des découvertes intéressantes ? Pour l'instant, il faut nous reposer et soigner ce pauvre Silas ! Tu viens, Selim ?

Mais l'Egyptien ne répondit pas. Ce n'était guère son habitude. Doguereau, étonné, se retourna, croyant que Selim était trop loin pour l'avoir entendu.

Mais non, l'ex-mameluk était debout à moins de trois mètres de lui et ne bougeait pas.

— Alors, Selim ! grommela-t-il, c'est-il que tu es devenu sourd ?

— Au contraire, sergent : *j'écoute !* Ne faites pas de bruit : on parle pas loin d'ici !

Doguereau, effaré, tressaillit et tendit l'oreille. Quelques secondes d'attention le convainquirent que l'Egyptien ne s'était pas trompé. Il distingua un bruit de voix confuses.

Doucement, s'éclairant à l'aide de son briquet, il marcha vers la paroi contre laquelle il colla son oreille. Il eut un tel sursaut qu'il faillit trébucher : de là, il entendait très distinctement.

On parlait en anglais. Et il reconnaissait l'organe du causeur. Impossible de s'y m'éprendre : c'était Smithson, le chef de la bande des *Ten Pounds !*

Ainsi le hasard venait de replacer le convict sur le chemin de ses victimes ! Sans perdre son temps à réfléchir à cette étrange coïncidence, Doguereau apporta toute son attention à écouter.

— Somme toute, l'affaire est magnifique et sûre ! disait Smithson. Rien ne peut nous la faire manquer ! Margett a pris toutes ses informations... La diligence transportera dans son coffre toute la récolte des *placers* de Darlington des trois derniers mois.

« D'après les informations de Margett, cela monte à plus de huit cents livres de poudre d'or. La fortune pour chacun de nous, camarades. Ceux qui ont des goûts champêtres pourront ensuite se retirer à la campagne et finir dans la peau d'honnêtes bourgeois : ça les changera !

(*A suivre.*)

Sceaux, Imp. Charaire.

BIBLIOTHÈQUE NATIONALE R.F. IMPRIMÉS

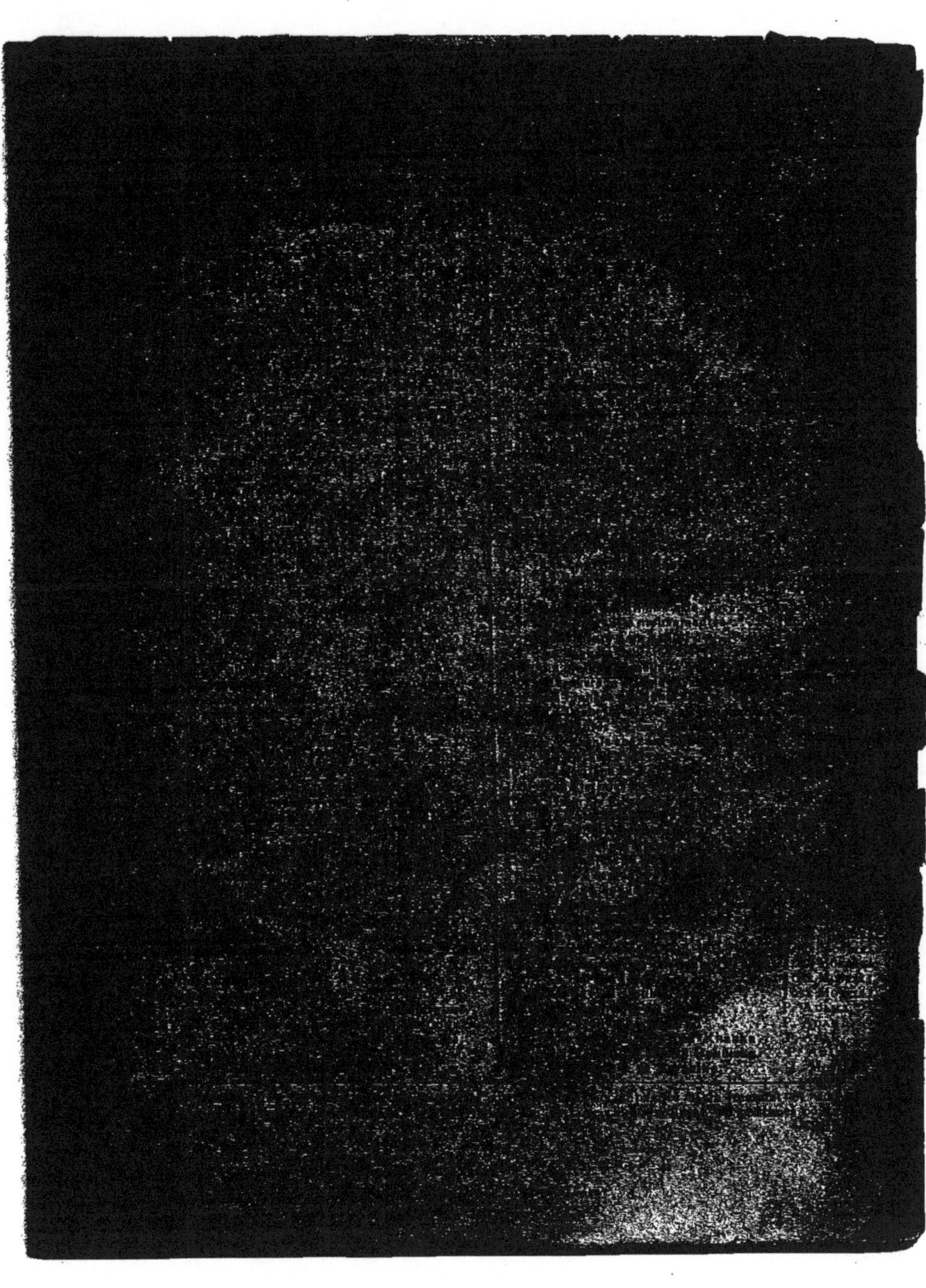

www.ingramcontent.com/pod-product-compliance
Ingram Content Group UK Ltd.
Pitfield, Milton Keynes, MK11 3LW, UK
UKHW021948260726
13994UKWH00004B/1607

9 782329 195070